JN075203

今日から

自宅がジムになる
宅トレ

なりたいカラダは家でつくれる

スポーツ&サイエンス代表
坂詰真二 著

KANZEN

はじめに

ジムと同じトレーニングは自宅でできます！

近年は空前のジムブーム。ＳＮＳにはジムで筋トレに励む女性の写真が大量にアップされ、大型ジムのランニングマシンは満杯。パーソナルジムもどんどん増えています。

そんな中、本書を手にしたあなたは運動の必要性を認識しながらも「何か面倒そうだな」と、ジムに入会するのをちゅうちょし続けていませんか？　もしくは入会をしたものの足が遠のいてたり、退会をして長期間経っていませんか？

無理もありません。ジム探しは手間がかか

◯本書でジムと同じトレーニングが自宅でできる!!

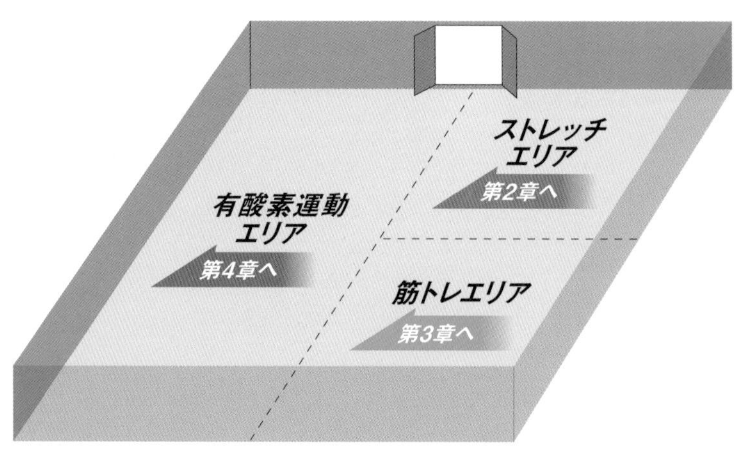

りますし、通うには往復の時間が必要です。ジムでは他の利用者の目や言動が気になったり、マナーの悪い利用者と出くわすこともあります。当然、月会費やロッカー代などのコストもかかり続けます。

でも、ご安心ください！　ジムが好きで肌に合う人は別として、面倒なら行かなければいいのです。無理をしてジムに行っても運動効率は上がりませんし、第一に精神的によくありません。

それならいっそのこと自宅をジムに変えませんか？　「いろいろな器具を買わなきゃだめ？」　いいえ、カラダひとつあればいいのです。

健康づくりやカラダづくりのためにジムで行うのはストレッチ、筋トレ、有酸素運動の3つのトレーニング。これらすべて、自宅にいながら一切の器具を使わずに実施できますし、ジム同等の効果を得ることができます。それを可能にするのが本書「宅トレ」です。

さあ、本書を手にしたあなた、今日からあなたの家がジムに変わります。「宅トレ」で若々しく健康なカラダ、なりたい自分を手に入れてください。

近年はジムブームが続いていていますが、ジムが合うか合わないかは人それぞれ。わざわざジムに行かなくても、自宅でもジムと同じように、いえジム以上に快適にトレーニングができるのです。ジムトレと比較した「宅トレ」の主なメリットを7つご紹介します。

時間が節約できる

ジムトレの場合、自宅や会社からの移動時間がかかりますが**「宅トレ」**ならそれが0秒！　わざわざ着替えたり、シューズを履く手間もかかりませんし、器具の順番やレッスンを待つ時間も不要です。

自分の都合に合わせてできる

ジムトレの場合、営業時間やレッスンの設定時間にこちらが合わせて予定を組まなければいけません。しかし、**「宅トレ」**なら、自分の都合や気分に合わせていつでも運動ができます！休館日もありません。

コストがかからない

ジムトレの場合、初回の入会金と毎月の月会費やロッカー代がかかりますし、実は休会するにもお金がかかります。でも**「宅トレ」**ならコストはずっと0円！　ウエアやシューズを買う必要もありません。

「宅トレ」7つのメリット

人目を気にしなくていい

ジムは多くの男女が集まる空間ですから、実は自分の体型や体力、服装に引け目を感じてしまう人も少なくありません。もちろん**「宅トレ」**ならそんな心配は無用。スッピンでも部屋着でもＯＫです！

マイペースでできる

ジムでは重いものを持ち挙げる人や体の柔らかい人、速く走っている人が近くにいると、ついつられて無理をしがちです。一方、**「宅トレ」**なら自分の体力と体調に合わせて無理なく運動ができます！

清潔な環境で運動できる

ジムは密閉空間に大量の人が集まって激しく呼吸をし、汗を流し、器具を共有して触るので、実は雑菌やウイルスが増殖しやすい環境。**「宅トレ」**なら清潔な床の上で新鮮な空気を吸いながら運動ができます！

不快な思いをしない

数百人から数千人も在籍するジムですからいろいろな人がいます。そのためさまざまなトラブルや人間関係で嫌な思いを経験して、退会する方が少なくありません。もちろん**「宅トレ」**ならそのリスクもゼロ！

今日から自宅がジムになる **宅トレ**

CONTENTS

第4章 自宅で有酸素運動

第5章 健康なカラダをつくるための栄養と休養

COLUMN

トレーニングページの見方

効果的に宅トレするためには、正しいフォームで行うことが大切です。そこで第2章の「自宅でストレッチ」と、第3章の「自宅で筋トレ」に共通する「ページの見方」を説明します。

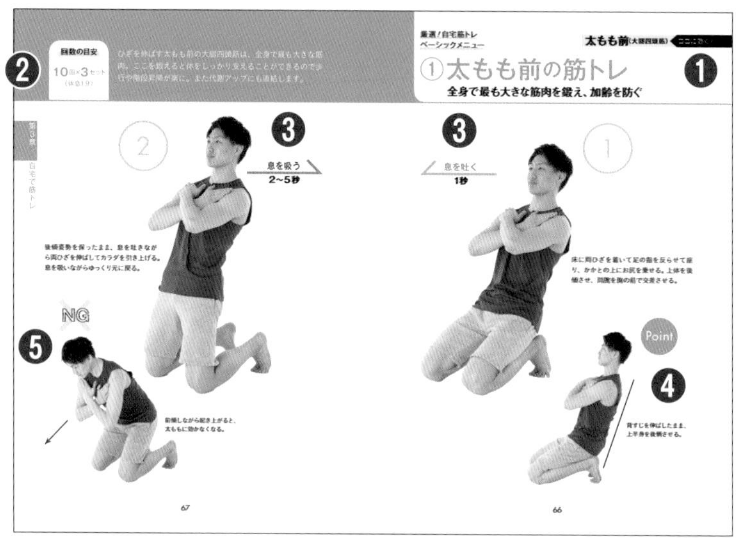

❶ココに効く！

ストレッチで伸ばす、あるいは筋トレで鍛える部位（筋肉）を表記。※詳細な位置はP106〜P107の「筋肉MAP」を参照。

❷時間（回数）の目安

ストレッチを行う時間と筋トレを行う反復回数、それぞれのセット数と休息時間の目標値を表記。

❸呼吸と時間または動作スピード

ストレッチで静止するときの呼吸と時間、筋トレを反復するときの呼吸と動作スピードを表記。

❹Point

トレーニングは開始姿勢が重要なので①とは別角度の写真を使用して、詳しいポイントを明記。

❺NG

②の動作で起こりがちなNG動作を表記。②と比較することでフォームの正誤が把握できる。

第1章

運動が健康にとって不可欠なワケ

運動が健康にとって不可欠なワケ①

運動で筋肉を取り戻せば理想の体型に近づける

10年前と比べて、あなたの今の体型はどう変化していますか？　お腹がぽっこり出てきた、お尻が垂れてきた、背中がだらしなくたるんできた？　こうした体型の崩れは、筋肉が減って脂肪が増えたことが主な原因です。

筋肉は、じっとしているときでもたくさんのエネルギーを消費して熱を作り出す熱発生装置です。筋肉１kg当たりが１日に消費するエネルギーは10〜15キロカロリーといわれています。１年間に筋肉が１kg減ると、少なく見積もっても１日10キロカロリーのエネルギー消費が失われることになるわけです。たった10キロカロリーと思われがちですが、１カ月で300キロカロリー、１年ならば3600キロカロリー分のエネルギーが消費されずに余ります。この余った分が脂肪としてカラダに蓄えられるのです。

こうして筋肉のボリュームが減ると、脂肪の量が反比例して増えていきます。つまり、体型の崩れは筋肉の減少がまずありき。これを防ぐことが根本的な解決につながります。理想の体型とは20歳のころの体型のこと。そこに近づく唯一の方法が運動なのです。

年齢とともに筋肉量は減っていく

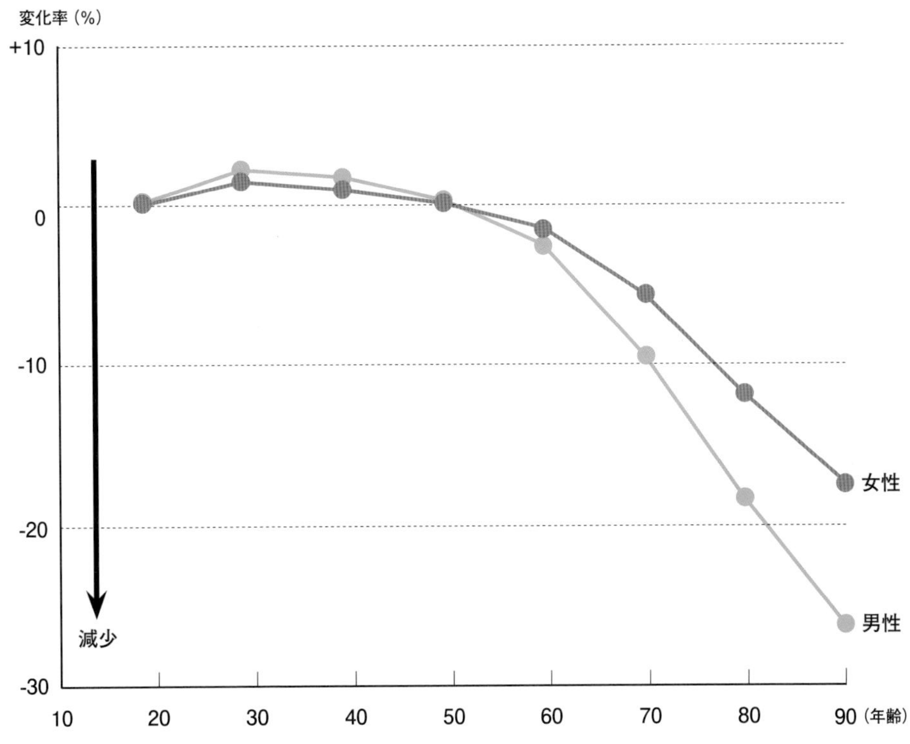

グラフは筋肉量の20歳からの変化率。男女ともに筋肉量は20代半ばがピーク。50代を境にして急激に減っていく。そして減っていく筋肉と入れ替わるように脂肪が増えていく。

出典：谷本芳美、渡辺美鈴、河野令、広田千賀、高崎恭輔、河野公一.
日本人筋肉量の加齢による特徴 日本老年医学2010：(47) 52-57.
(出典を参考にグラフは改変しています)

運動が静的疲労を解消し疲れにくいカラダをつくる

子どもの運動会に参加したり、大掃除をした後は普段は感じない疲れを覚えます。理由はエネルギーを生み出す過程で作られる疲労物質がカラダに溜まるからです。1日中デスクワークをするときも同様のことが起きます。前者を「動的疲労」とするなら、後者は「静的疲労」、現代人特有の疲れは後者です。

パソコンと向かい合うなどして同じ姿勢で長時間過ごすとき、上体や腕の位置を保つために筋肉は弱い収縮をずっと続けていて、血液の循環が滞ります。肉体労働は1〜2時間ごとに休憩しないとカラダがもちませんが、デスクワークは4〜5時間続けて行うことも可能です。こうして気づかない間に疲労物質が溜まっていき、1日の終わりにどっと疲れを感じるのです。全身の疲労感だけでなく、首や肩の局所的なコリも血液中に疲労物質が溜まることで生じます。

動的疲労はカラダを休めれば改善しますが、静的疲労は動いて疲労物質を取り除くしかありません。全身運動で固まった筋肉を動かすことで、疲れが解消されるのです。

運動とデスクワークのスパイラル

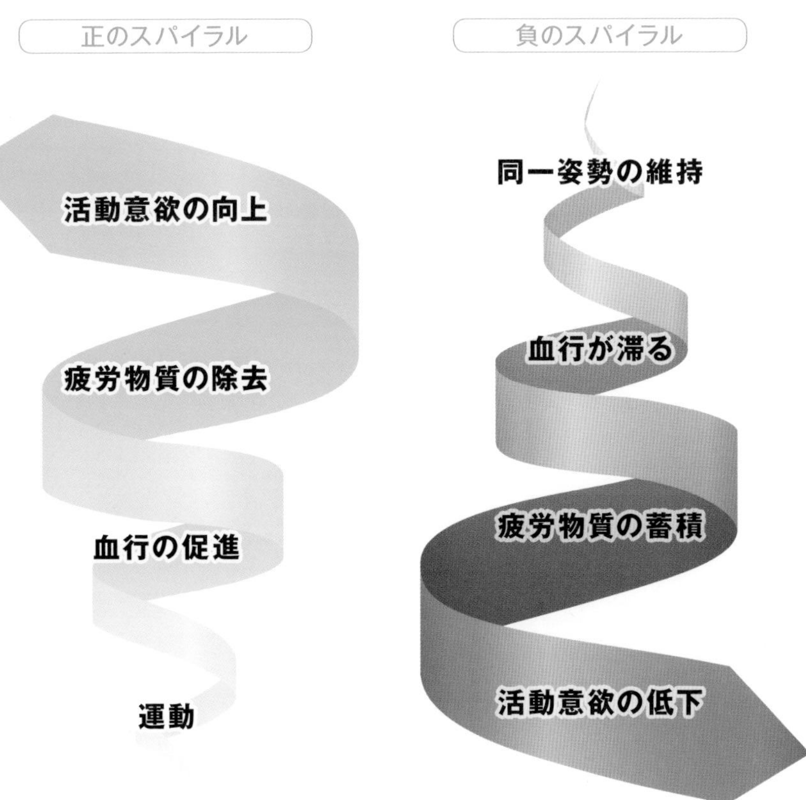

「負のスパイラル」では、デスクワークと運動不足によって気づかないうちに疲労が蓄積され、動けなくなる。「正のスパイラル」では、運動をすることによって疲労が回復し、活動的になる。

運動が健康にとって不可欠なワケ③

筋肉の柔軟性を養えばケガをしにくくなる

小さな段差を踏み外しただけでアキレス腱を痛めたり、顔を洗おうと前屈みになった瞬間にぎっくり腰になったり。歳を経るごとに、若いころには思いもよらなかったケガをすることが多くなります。その原因のひとつは、筋肉のしなやかさが失われることにあります。

運動不足が長く続くと、筋肉を覆っている筋膜、筋肉を骨につなぎ止める腱などの結合組織が硬くなっていきます。筋肉がダイナミックに伸び縮みせず、固定された状態が続けば、筋膜も腱も伸び縮みせず、弾力性がどんどん失われてしまうのは当然です。こうして筋肉全体の柔軟性が失われると、ちょっとした力が加わった瞬間、一カ所に強いストレスがかかり、ケガにつながるというわけです。しなやかな竹は暴風にさらされても柔軟にたわんで持ちこたえますが、硬いはずの木は簡単に折れてしまいます。これと同じことが筋肉や腱でも起こるのです。

現代の日常生活では、筋肉が十分に伸びることがほぼありません。思わぬケガを予防するためには、ストレッチなどで筋肉を意識的に伸ばして柔軟性を養うことが必要です。

ケガ予防にはストレッチが最適！

第２章で紹介しているストレッチ（⇒P34 ～ P57）を生活に取り入れることで、ケガをしにくいしなやかなカラダが手に入る。

ふくらはぎのストレッチ
（➡P34～P35）

腰のストレッチ
（➡P40～P41）

運動が健康にとって不可欠なワケ④

全身運動と筋トレが生活習慣病を未然に防ぐ

日本で「メタボリックシンドローム」の診断基準が発表されたのは2005年。その翌年には流行語に選ばれ、この概念は人々に広く認知されました。メタボは内臓脂肪型の肥満によって糖尿病、脂質代謝異常、高血圧などが重なって起こるもの。その先にある心筋梗塞や脳卒中から命を守る〝予防線〟という意味合いも持っています。

メタボが増えた原因のひとつは、運動量の減少です。産業革命以降、自動化や機械化が加速度的に進み、今では、家から一歩も出ずに仕事、食事、買い物、すべての営みを完結させることさえできます。摂取エネルギーが変わらなくても消費エネルギーが減れば、エネルギーの出納バランスは蓄積方向に傾きます。こうして見た目には肥満体型になり、カラダの中では高血圧や動脈硬化が生じることになるのです。

さらに、じっとしてもエネルギー消費をしてくれる筋肉が減れば、ますますエネルギーが余り、メタボは進行します。そこで、全身を使う有酸素運動を行うとともに、筋トレで筋肉というエネルギー消費装置を養うことが根本対策となるのです。

車の普及で生活習慣病が増えた?

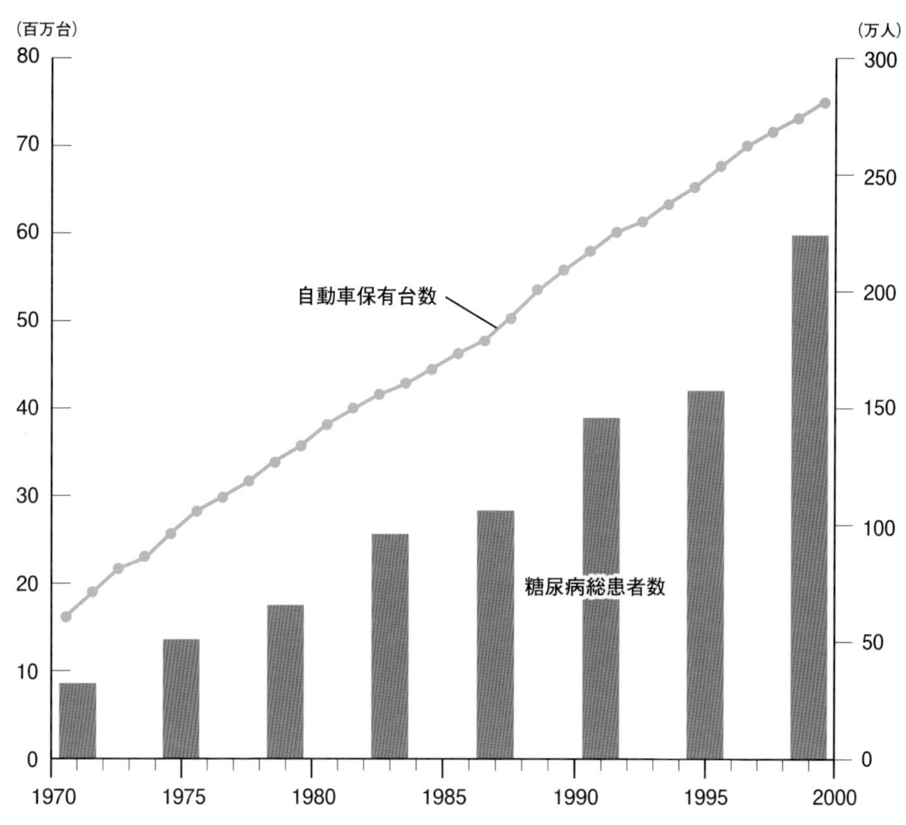

日本人の自動車の保有台数と、糖尿病総患者数の推移を現したグラフ。

出典：公益財団法人 健康・体力づくり事業財団のホームページより（出典を参考にグラフは改変しています）

運動が健康にとって不可欠なワケ⑤

感染症のリスクが下がり重症化も防げる

一般的に筋力や持久力、柔軟性など行動体力が高い人は、細菌やウイルスに対する防衛体力も高い傾向にあります。というのは、先ほどお話したように筋肉が常に熱を作り出し、適正な体温を保ってくれているからです。白血球などの免疫細胞が最も機能する体温は、およそ36・5度。1度下がることで免疫力は約30％低下するといわれています。つまり、必要十分な筋肉量を養っておくことが免疫力の維持につながるというわけです。

また、風邪のシーズンに肺炎に陥りやすいのは若い人ではなく、ほとんどが高齢者です。これは、加齢によって酸素と二酸化炭素のガス交換をする肺胞が潰れたり、呼吸筋が衰えて呼吸能力が低下するためです。うまく咳をして菌やウイルスを排出できないことや、十分な酸素を取り込めないことなどが原因で、肺炎を引き起こし重症化してしまいます。

筋肉を養って体温を維持すること。そして心肺機能を底上げして予備力をつけることが、感染症から身を守る秘訣です。ただし、過度な運動は逆に免疫力を低下させることも分かっています。適度な「宅トレ」で細菌とウイルスに負けないカラダづくりをしましょう。

適度な運動が免疫力を高める

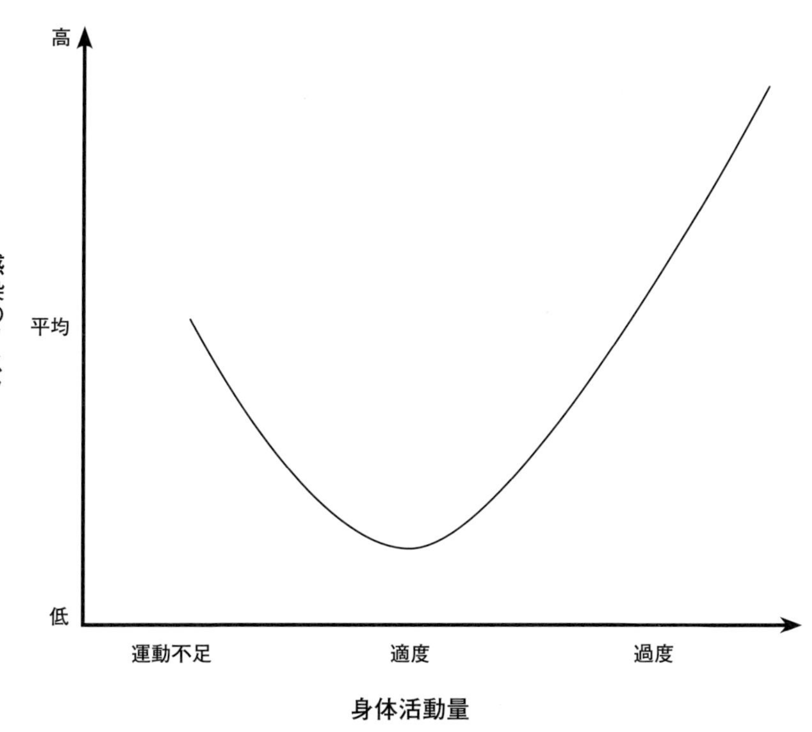

運動と感染リスクに関するＪカーブ。運動不足と過度な運動が感染症のリスクを高めるのに対し、適度な運動を行うと感染リスクが最も低くなる。

出典：Oconnor FG,Wilder RP.Textbook of Running Medicine,McGraw-Hill Co,2001.秋本崇之,扇原淳.疫学からみたエビデンス:特集/運動は免疫能を高めるか？　臨床スポーツ医学.2002;19より（出典を参考にグラフは改変しています）

うっ積するストレスも運動によって発散できる

上司からのパワハラ、姑からの嫌味、理不尽な客のクレームなど、多くの人々は日々社会的なストレスにさらされています。こうしたストレスを受けたときに起こるのが、「Ｆｉｇｈｔ or Ｆｌｉｇｈｔ（闘うか逃げるか）」という生体反応。ストレスを受けた脳から副腎という臓器に司令が伝わり、アドレナリンが血液中に放出されます。アドレナリンは全身を巡って心拍数を上げ、血圧を上昇させ、呼吸を速くするホルモンです。こうして肉体はいつでも闘う、あるいは逃げるための準備を整えるのです。

このようにカラダはアクティブな状態ですが、常識ある社会人としては、その場から走って逃げたり、ものを蹴ったりするわけにはいきません。どうにか気持ちを整理できても肉体的には治まらず、心拍は上昇し、筋肉には余分な力が溜まったままです。

そこで解決策となるのが運動です。運動を行うと血液中のアドレナリンが消費されて減少し、心身ともにリラックスできます。特に筋トレ後は、アドレナリンがすっかり影をひそめ、快眠が促されます。ストレスを感じたら、すぐに「宅トレ」で対処しましょう。

ストレス発散には筋トレや有酸素運動が効果的

筋トレや有酸素運動を行うとアドレナリンが消費されるとともに、脳内に「幸せホルモン」ともいわれるエンドルフィンという化学物質が増加し、心もカラダもリラックスできる。

運動が健康にとって不可欠なワケ⑦

早めに運動を始めれば病的な老化は防げる

老化のひとつの徴候は、以前できていた日常動作ができなくなることです。ただし40～50代ではそれになかなか気づくことはありません。日常生活では、持っている体力の2～3割程度しか発揮されないので、不具合を感じないのです。ところが60～70代になって体力がさらに落ちると少し歩くだけで疲れたり、階段の上り下りがうまくできなくなります。

体力が落ちていくのは、残念ながら自然の摂理。ただそれを自覚する前に、30～40代で運動を始めれば、病的な老化を防ぐことはできます。60代まで何もせず、一度落ちた体力を取り戻すのには、大変な労力と時間がかかります。筋トレなら週に2～3回の頻度が必須です。40代で運動を始めて、その後に維持するだけなら週1回で十分です。

また、脳の認知機能の維持のためにも運動は有効です。カラダを動かすときには脳の多くの部分が働き、動きの微調整をしながら最適な手段を選択するからです。ただし、漫然とした運動では脳の老化予防にはつながりません。たとえば筋トレをするならフォームを細かくチェックし、呼吸やスピードを意識しながら行うことが重要です。

運動の有無で老後の体力に差が生じる

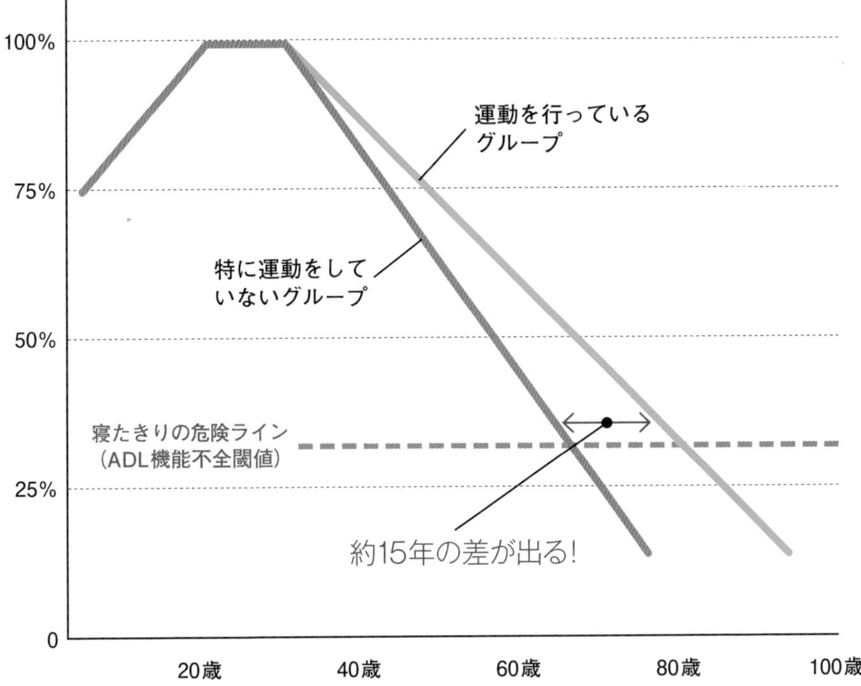

グラフは身体活動量の差による体力低下速度の違い。運動をしているグループは、特に運動をしていないグループに比べて、寝たきりの危険ラインに達するのが、約15年遅いということがわかっている。

出典：Haskell et al. (1998) Effects of exercise training on health and physical functioning in older persons. In: The 1997 Nagnao Symposium on Sports Sciences. ed. by Nose H, Nadel ER, and Morimoto T. pp399-417.
（出典を参考にグラフは改変しています）

column

似て非なるスポーツとフィットネス

よく混同されがちですが、「スポーツのトレーニング」と健康や美容のために行う「フィットネスのトレーニング」は似て非なるもの。スポーツは人生の一時期、最高の競技パフォーマンスを引き出すために行うものです。

ですからスポーツ選手は健康かというと必ずしもそうではなく、日々の激しい運動によって心身を消耗し、実は関節や骨、内臓などにトラブルを抱えていて、それを引退後も引きずることが少なくありません。たとえば最も屈強な肉体を持つ力士は概して短命。昭和の大横綱千代の富士（九重親方）が61歳の若さで亡くなったように、多くの方が平均寿命より早く亡くなっています。

一方、フィットネスはカラダと心をよい状態に保つために、無理のない範囲で楽しみながら一生続けていくもの。心身がよい状態であれば日々を快適に過ごせますし、病気になりにくいので当然寿命も伸びます。そんなフィットネストレーニングを自宅にいながら可能にしたのが、本書「宅トレ」なのです。

健康のために行う「宅トレ」は、無理なく楽しめる範囲で行いましょう。

第2章

自宅でストレッチ

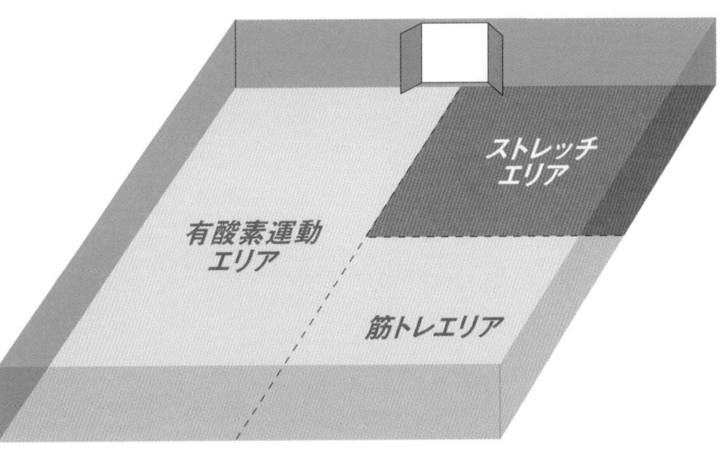

「宅トレ」を始める前にお読みください

1 トレーニングは環境を整えてから

特別な器具も道具も使わない「宅トレ」は安全性が高い運動ですが、カラダを動かす環境をきちんと整えてから行いましょう。

足の踏み場にものがあると、つまずいたり、足を痛めてしまうことがあるので片づけてください。また、周りのテーブルや机などの角や尖った部分にカラダをぶつけないように片づけるか、離れた場所で行いましょう。

床が硬い場合は、ヨガマットを敷いて行い、ひざを着く運動では畳んだタオルかクッションの上にひざを乗せましょう。

運動をすると体温が上がってくるので、室温は「少し涼しい～適温と感じる程度（18～24度前後）」に設定しましょう。部屋の温度や湿度が高い場合は、エアコンや扇風機などを使い、水分を十分に摂って熱中症にならないように注意をしてください。

また、汗を拭くタオルと水分を用意し、宅トレで汗をかいたらカラダを冷やさないように汗を拭くかシャワーを浴びて着替えをしましょう。

2 体調がすぐれないときは回復が最優先！

「寝不足、風邪気味、胃腸の調子が悪い、二日酔い」などで体調がすぐれないときは、トレーニングではなく体調の回復を最優先にしてください。飲酒をした後でのトレーニングも厳禁です。スポーツのためのトレーニングとは異なり、健康のためのトレーニングは一生続けるべきものですから、無理や我慢はかえってマイナスです。

仕事でじっとしている時間が長く、疲労を感じている場合は、むしろカラダを動かすことで心身が軽くなることが少なくありません。まずはストレッチをやってみて、調子が上向いたら筋トレを1種目やってみる。さらに調子がよくなったら種目数を増やして行く、といった具合に自分のカラダと相談しながら行ってください。

トレーニング前の体調がよくても、トレーニング中に関節の痛みや違和感、いつもより強い疲労感、息苦しさや動悸などの体調の不良を感じたら、無理をせず中止して安静にしてください。それでも改善しない場合は医師にご相談ください。

3 持病がある方は医師に相談を

運動は健康に有益ですが、持病がある場合はかえってマイナスになることがあるので注意が必要です。

たとえば、痛風がある場合、運動をすると尿酸値が上がって痛みが出やすくなりますし、脊柱管狭窄症の方は上体を反らす運動をすると痛みが強まる傾向があります。「高血圧、糖尿病、慢性閉塞性肺疾患、喘息、変形性膝関節症」などの持病がある方、また通院歴や手術歴がある方は運動を始める前に、かかりつけの医師に相談のうえ、安全のためできる運動のみ実施してください。

ストレッチの目的

健康や美容のために行うフィットネストレーニングは、「ストレッチ、筋力トレーニング、有酸素運動」の3種類。このうち、まず取り組むべきなのは柔軟性を高めるストレッチです。

「老化は硬化」という言葉があるように、運動習慣がないと私たちのカラダは年を重ねるにしたがって徐々に硬くなり、やがて姿勢が悪くなったり、腕が上がりにくくなったり、歩幅が狭くなるなどの不具合が起こってきます。

カチコチのカラダのまま筋トレや有酸素運動をすると、正しい動きができないために、運動効果が上がらないだけでなくケガをしやすくもなります。そこでまずはストレッチで柔軟性を高めることが先決、というわけです。

前半で紹介する8種類のリラックス系ストレッチには、心とカラダの疲れとストレスを和らげる効果があり、後半のアップ系ストレッチには心とカラダをシャキッと目覚めさせる効果があります。

硬くなりやすく、優先的にストレッチすべき部位は左ページのとおりです。

ストレッチで優先的に伸ばすべき部位

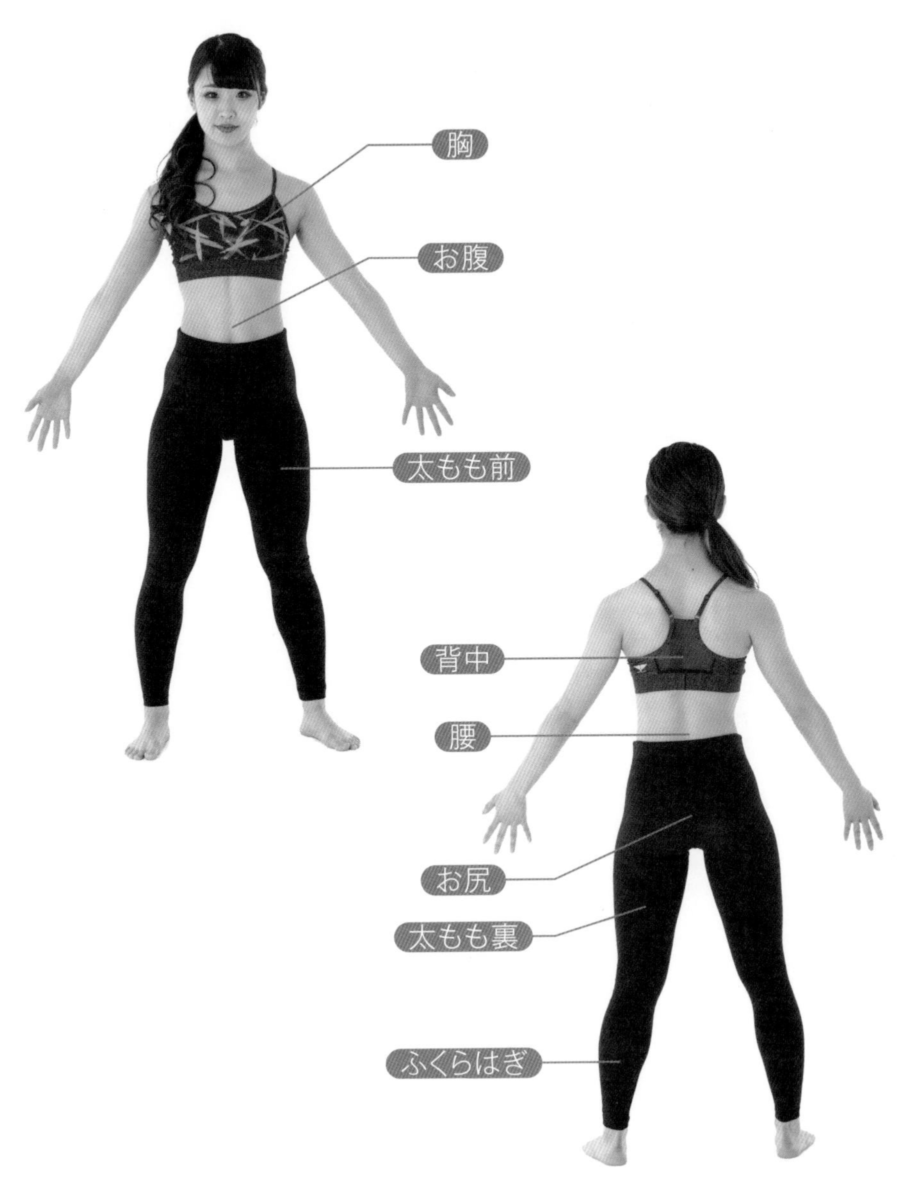

ストレッチのポイント

リラックス系ストレッチ（34〜49ページ）のポイント

○伸ばす部位：日常生活の中で硬くなりやすく、また硬くなることで不具合を起こしやすい「胸、お腹、お尻」など8つの部位（29ページ）を楽な体勢で伸ばす。
○伸ばす強さと呼吸：痛みを感じずに気持ちよく伸びるところで、楽に呼吸をしながら静止する。
○伸ばす時間：ひとつのポーズは2呼吸分、10秒が基本。一度ポーズを緩めて一呼吸おき、3セット行うとさらに効果的。
○実施する頻度：1日一回行うことが推奨されるが、頻繁に行うほど効果がある運動なので1日の回数の上限はなし。筋トレや有酸素運動後のクールダウンとしても行う。

アップ系ストレッチ（50〜57ページ）のポイント

○伸ばす部位：立ったまま、複数の筋肉を同時に伸ばす。
○伸ばす強さと呼吸：「痛気持ちよい」と感じる程度に強めに伸ばし、楽に呼吸をする。
○伸ばす時間：リラックス系ストレッチと同じく、10秒×1〜3セット行う。
○実施する頻度：気分がすぐれない、カラダが重いと感じるときに行うと、シャキッと目覚めさせる効果がある。筋トレや有酸素運動を行う前のウォームアップとしても行う。

リラックス系ストレッチとアップ系ストレッチ

リラックス系ストレッチ

一つひとつの筋肉を優しく伸ばすことで、心身をリラックスさせる。

アップ系ストレッチ

同時に複数の筋肉を強めに伸ばすことで、心身を目覚めさせる。

厳選！自宅ストレッチメニュー全12種目

リラックス系ストレッチ8種目

日常生活で硬くなりやすい８つの部位のストレッチです。１日一回、ルーティーンとして行うことをおすすめします。筋トレや有酸素運動を行う日には、運動後のクールダウンとして行ってください。

③背中のストレッチ
(➡P38~P39)

①ふくらはぎのストレッチ(➡P34~P35)

④腰のストレッチ
(➡P40~P41)

②胸のストレッチ
(➡P36~P37)

⑤太もも裏のストレッチ(➡P42~P43)

⑦**お尻のストレッチ**
(➡P46~P47)

⑧**お腹のストレッチ**
(➡P48~P49)

⑥**太もも前のストレッチ**(➡P44~P45)

アップ系ストレッチ4種目

心身をシャキッと目覚めさせる4種目のストレッチです。筋トレや有酸素運動前のウォームアップとしても行ってください。

①**ツイストストレッチ**
(➡P50~P51)

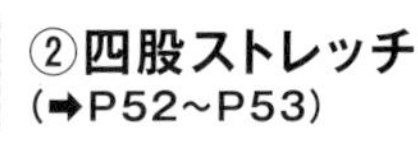

②**四股ストレッチ**
(➡P52~P53)

③**側屈ストレッチ**
(➡P54~P55)

④**前屈ストレッチ**
(➡P56~P57)

ふくらはぎ（下腿三頭筋）ココに効く！

①ふくらはぎのストレッチ

ふくらはぎの疲れをとり、むくみも予防する

1

足を前後に一歩分開いて、左右のつま先を正面に向ける。両手は腰において背すじを伸ばす。

Point

顔、上体、両ひざ、つま先とも正面に向けておく。

時間の目安

左右交互に
10秒×**3**セット

カラダ全体を下支えするふくらはぎは疲れがたまりやすく、むくみやすい部位。ここを柔らかくすればむくみが和らぎ、歩行もスムーズになります。

②

体重を前方に移しながら前側のひざを曲げ、後ろの足首を伸ばし、楽に呼吸をしながら静止する。逆側も同様に。

上半身が前に倒れると、ふくらはぎは伸びない。

②胸のストレッチ

胸を大きく開くことで、呼吸も楽になる

足を腰幅に開いて、つま先をやや内側に向ける。両手をお尻の後ろで組んで視線を正面に向ける。

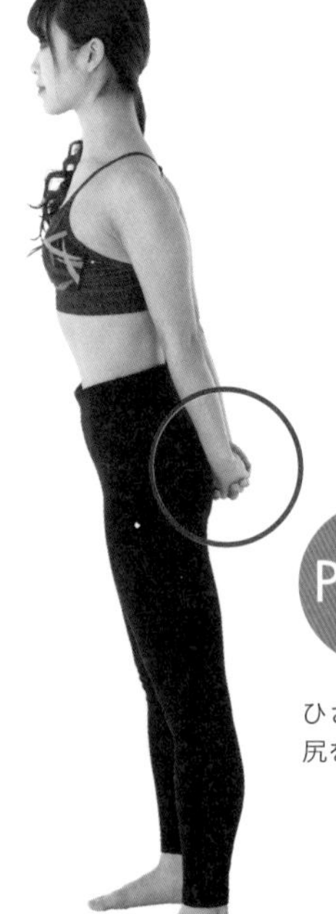

Point

ひざを伸ばしたまま、お尻を後方に突き出す。

時間の目安

10秒×3セット

パソコンなどを操作する時間が長いと、肩が前に出た「巻き肩」になりがち。胸をしっかり伸ばせば、巻き肩が修正されて若々しい姿勢になり、呼吸も深く楽になります。

両ひじを伸ばしながら肩を後方に引いて胸を開き、視線を斜め上に向け、楽に呼吸をしながら静止する。

腕を高く上げると肩が前に出て胸が伸びない。

背中（広背筋、僧帽筋）ココに効く！

③背中のストレッチ

背中を伸ばせば、肩の動きもスムーズに

①

あぐらをかいて座り、一方の手でもう一方の手首をつかむ。両肘は曲げてゆるめておく。

Point

高く上げた手の甲は外側に向ける。

時間の目安

左右交互に
10回×3セット

腕と肩甲骨の動きに関わる背中の広背筋と僧帽筋。柔らかくすると肩甲骨の動きがスムーズになり、肩の負担が減って肩のコリやケガの予防になります。

つかんだ手首を引っ張りながら斜め上に伸ばして、同じ方向に少し側屈し、楽に呼吸をしながら静止する。逆側も同様に。

上半身を大きく横に倒してしまうと背中は伸びない。

④腰のストレッチ

最も負担がかかる、腰の筋肉をケア

1

床に座り、両ひざを曲げて両足を右側に出す。頭の後ろで両手の指を組んでひじを開く。

Point

組んだ両手は後頭部につけておく。

時間の目安

左右交互に
10秒×3セット

重力に逆らって背骨を真っすぐに伸ばす腰の筋肉は、常に働き続けているので最もコリやすい筋肉。柔らかくすればギックリ腰などのケガ予防にもなります。

太もも裏(ハムストリングス) ココに効く！

⑤太もも裏のストレッチ

一番硬くなりやすい筋肉を、楽に伸ばす

長座姿勢から一方のひざを曲げて外側に開き、その足に他方のひざを乗せる。背すじを伸ばして両手をももの上に。

足首を伸ばし、お尻を突き出すように骨盤を立てる。

時間の目安

左右交互に
10秒×**3**セット

イスに座る時間が長いと、太もも裏のハムストリングスが硬くなります。ここを伸ばすと骨盤が立って若々しい姿勢になり、腰の負担も和らぎます。

そのまま前傾して両手でふくらはぎをつかんで引き寄せ、楽に呼吸をしながら静止する。逆側も同様に。

背中を丸めて前傾すると、太もも裏は伸びない。

太もも前（大腿四頭筋） ココに効く！

⑥太もも前のストレッチ

一番大きな筋肉を伸ばし、動きをスムーズに

1

一方の脚を伸ばして前に出し、もう一方のひざを曲げて座る。伸ばした脚側の手を床に置き、反対で足の甲を持つ。

Point

手で足の甲を引き寄せて、かかとをお尻にピッタリつける。

時間の目安

左右交互に
10秒×3セット

カラダの中で最も大きくて強いのが太もも前の大腿四頭筋。ひざを伸ばすために働くこの筋肉を柔らかく保てば、歩行や階段の昇降もスムーズになります。

②

楽に呼吸をしながら
10秒キープ

床についた腕を曲げてひじを床につけ、同じ方向に体をひねったまま後方に倒し、楽に呼吸をしながら静止する。逆側も同様に。

NG

真後ろに体を倒すとひざがねじれて負担がかかってしまう。

お尻(大殿筋) ココに効く！

⑦お尻のストレッチ

お尻を伸ばして、骨盤をしっかり立てる

1

仰向けになってカラダを真っすぐに伸ばしたら、一方の手でひざ下を、もう一方の手ですねをつかむ。

Point

両手を上下にずらしてひざ下とすねを持つ。

時間の目安

左右交互に
10秒×3セット

骨盤の後ろを覆うお尻の大臀筋も、座る時間が長いと硬くなりやすい筋肉。柔らかくすることで、骨盤が立って美しい姿勢になり、腰の負担も減ります。

2

楽に呼吸をしながら
10秒キープ

太ももを抱き寄せるようにして胸に近づけて、楽に呼吸をしながら静止する。逆側も同様に。

NG

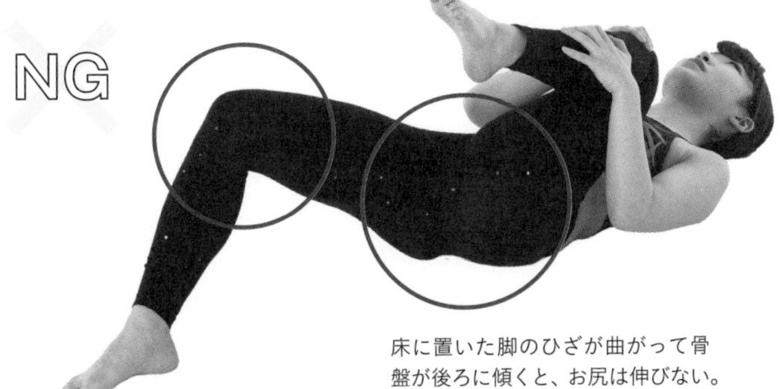

床に置いた脚のひざが曲がって骨盤が後ろに傾くと、お尻は伸びない。

お腹（腹直筋）ココに効く！

⑧お腹のストレッチ

お腹をゆるめて、猫背と便秘を解消

1

うつ伏せになって足を軽く開き、体を真っすぐに伸ばす。脇を締めて両手を床に置く。

Point 両手は顔の横に置き、指先を前に向ける。

時間の目安

10秒×3セット

スマホ操作などで背中を丸めていると、お腹の腹直筋が硬くなって猫背が定着することに。ここを柔らかくすれば背すじが伸び、内臓の働きもよくなります。

目線を上げながら両ひじを伸ばして上体を反らし、楽に呼吸をしながら静止する。

腹筋が硬くてひじが伸びない場合は、無理をせず手の位置を前方にずらす。

厳選！自宅ストレッチ
アップ系メニュー

①ツイストストレッチ

肩、お腹、股関節を同時に伸ばす

肩（三角筋） ココに効く！
お腹（腹斜筋）
股関節周辺の筋肉

足を肩幅よりも大きく開いて、ひざを伸ばして立つ。左腕を胸の前で伸ばし、右ひじを曲げて交差させる。

つま先は斜め45度外側に向ける。

時間の目安

左右交互に
10秒×**3**セット

腕を交差して引っ張ることで肩の三角筋を伸ばし、さらに全身を大きくひねって、お腹の腹斜筋と股関節周囲の筋肉も同時に伸ばします。

右腕で左腕を引き寄せながら左のつま先で床を押して、カラダを右にひねり、楽に呼吸をしながら静止する。逆側も同様に。

ひねる方向の足が外に開くと、お腹や股関節は伸びない。

厳選！自宅ストレッチ
アップ系メニュー

②四股ストレッチ

胸、お腹、内ももを同時に伸ばす

胸（大胸筋） ココに効く！
お腹（腹斜筋）
内もも（股関節内転筋群）

①

足を肩幅よりも大きく開いて、ひざを伸ばして立つ。両手を太ももの下部において前傾する。

Point

背すじを伸ばしたまま前傾する。

時間の目安

左右交互に
10秒×3セット

四股のように腰を落とすことで内ももの内転筋を伸ばし、さらに腕を伸ばしたまま腰をひねることで胸の大胸筋とお腹の腹斜筋も同時に伸ばします。

ひざを曲げて腰を落とし、一方の手で太ももを押して逆方向に上体をひねり、楽に呼吸をしながら静止する。逆側も同様に。

ひじが曲がると、胸の筋肉は伸びない。

③側屈ストレッチ

二の腕（上腕三頭筋） ココに効く！
背中（広背筋）
お尻の横（中殿筋）

腕、背中、お尻の横を同時に伸ばす

足を肩幅より少し広げて立ち、つま先を斜め45度外側に向ける。右ひじを頭の後ろで曲げて左手で持つ。

Point

小指を肩に近づけてしっかりひじを曲げる。

時間の目安

左右交互に
10秒×**3**セット

高く上げたひじを曲げて内側に引き寄せて二の腕と背中を伸ばし、さらに体をくの字に曲げて側屈することで、お尻の横にある中殿筋も同時に伸ばします。

右ひじを内側に引き寄せ、体重を右足に乗せながらお尻を外側に突き出してカラダをくの字にし、楽に呼吸をしながら静止する。逆側も同様に。

上体をひねってしまうと、お尻の横が伸びない。

厳選！自宅ストレッチ
アップ系メニュー

④前屈ストレッチ

腰、お尻、太もも裏を同時に伸ばす

腰（脊柱起立筋）　ココに効く！
お尻（大殿筋）
太もも裏（ハムストリングス）

足を軽く開いて立ち、つま先を正面に向ける。両手をお尻の後ろで組んでひじを伸ばし、視線を前に向ける。

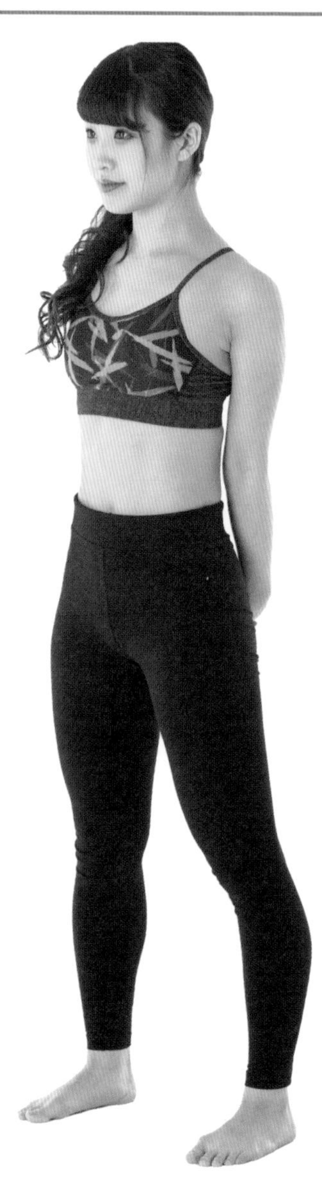

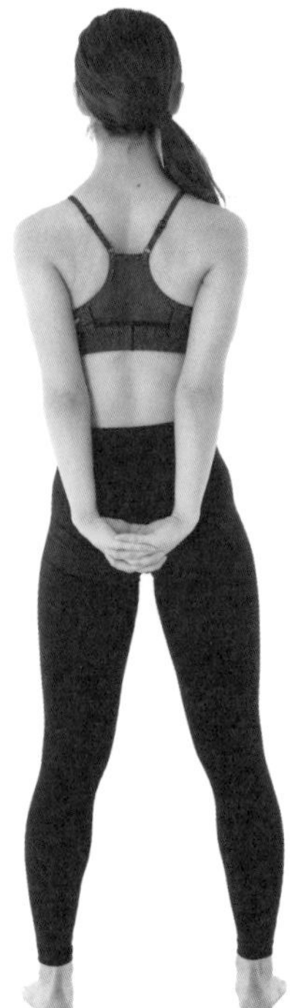

Point

組んだ両手はお尻に乗せる。

時間の目安

10秒×**3**セット

水泳の飛び込み姿勢のように、立ったまま背中を丸めて前屈することで、カラダの背面にある腰、お尻、太もも裏を同時に伸ばします。無理に前屈し過ぎてバランスを崩さないように注意してください。

2

腕を引き上げながら背中を丸めて股関節を軸にして前屈し、楽に呼吸をしながら静止する。バランスを取るためにひざは軽く曲げる。

楽に呼吸をしながら
10秒キープ

NG

背すじを伸ばして前屈すると、腰の筋肉が伸びない。

column

運動効果を上げるシンプルなコツ

「運動の効果を上げるコツは何ですか？」 これはジムでよく尋ねられる質問なのですが、その答えは単純で明快。ズバリ「正しい運動を継続する」ことです。まず、動きや負荷、回数や時間などが適正でなければ、努力の割に効果が出ないばかりか、ケガや体調不良を招いてマイナスになりかねません。具体的な中身については、本書の第２章〜第４章で詳しくご紹介していきます。

次に継続についてですが、「苦しい」と感じるような激しい運動では長続きしません。楽しい、もう少しやりたいという程度で行うのが正解です。特に運動の導入時期は頑張り過ぎてしまいがちなので、「もの足りない」と感じる程度で行うことをおすすめします。

本書では、12種目のストレッチ、８種目の筋トレ、そして６種目の運動を組み合わせたサーキット有酸素運動をご紹介していますが、導入期はストレッチ１種目でもいいので、無理なくできることから始めてください。そしてカラダと心の疲労度と相談しながら、少しずつ種目と負荷を増やして継続しましょう。

「宅トレ」導入時は「もの足りない」から始めて、少しずつ種目や負荷を増やしていく。

第3章

自宅で筋トレ

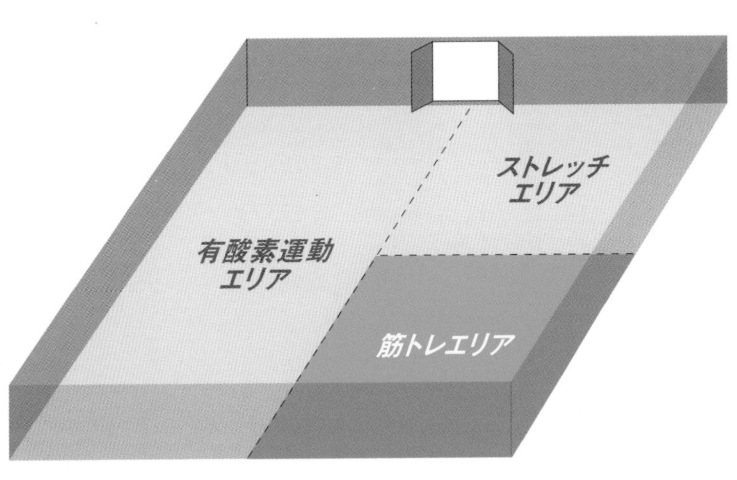

筋力トレーニングの目的

柔軟性を高め始めたら、次に取り組むべきなのは筋力トレーニングです。筋肉を強く太くする筋トレが必要なのは、ムキムキになりたい人だけではありません。美しいボディをつくりたい女性も、健康を増進したい中高年も、実は必須の運動なのです。

というのも特別な運動をしていない限り、普通の生活だけでは20歳以降、1年で筋肉が0.5～1%ずつ低下するといわれているからです。小さな数字に感じるかもしれませんが、50歳で20歳のころの80%程度まで、80歳では65%程度まで落ち込む計算になります。

筋肉は運動装置そのものなので、この筋力の衰えがダイレクトに体力の低下につながり、体力が落ちれば当然疲れやすくもなります。そして筋肉には熱発生装置の役割もあるので、筋肉が減ると基礎代謝が低下して、消費エネルギーの少ない低燃費体質へと変容します。これこそが肥満や生活習慣病に至ってしまう最大の原因なのです。

でも安心してください。筋肉は何歳になっても鍛えることができます。筋力トレを行えば、体力を引き上げ、代謝を上げて若々しく健康なカラダをつくることができるのです。

［筋肉は運動装置＋熱発生装置］

加齢で失った筋肉量を筋トレで取り戻せば、体力が上がって疲れにくくなるだけでなく、基礎代謝が上がって体脂肪が減り、生活習慣病を防ぐこともできる。

筋力トレーニングのポイント

○鍛える部位

体力と代謝に深く関わっている大きな筋肉を中心に鍛えます。特にカラダを支える下半身の筋肉と腰の筋肉は加齢で衰えやすいので、ベーシックメニュー（66〜75ページ）で網羅しています。さらに上半身に筋肉をつけたい場合は、オプションメニュー（76〜81ページ）を取り入れてください。

○負荷と調節法

あと2回できる余裕を残して動作を10回反復し、1分の休息を挟んで3セット行うのが理想です。紹介するエクササイズの負荷が強く感じる場合は、回数を減らすのではなく、動作を小さくして行いましょう。セット数を減らし、休息を長くすればさらに負荷は弱まります。

○呼吸と動作スピード

重力に逆らってカラダ（の一部）を持ち上げるときには、息を吐きながら1秒、下ろすときには息を吸いながら2〜5秒かけて行います。筋肉を鍛えるには下ろす動作が重要なのですが（82ページのコラム参照）、導入初期は2秒で行い、慣れるにしたがって少しずつ秒数を伸ばしてください。

筋トレの負荷調節法

①のようにカラダを小さく動かせば負荷は弱まり、②のように大きく動かせば負荷は強まる。無理をせず、自分にあった負荷で行うことが肝心。

厳選！自宅筋トレメニュー 全8種目

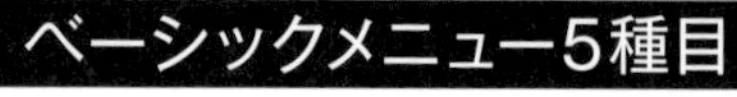

年齢とともに減少して弱っていくのは主に下半身の筋肉で、それに次ぐのが体幹部の筋肉。逆にここを鍛えることが体力の衰えを防ぐことはもちろん、代謝アップに伴う体型の改善、生活習慣病予防に直結します。

①太もも前の筋トレ
(➡P66～P67)

②お尻と太もも裏の筋トレ
(➡P68～P69)

③ふくらはぎの筋トレ
(➡P70～P71)

オプションメニュー3種目

下半身と体幹だけでは物足りない！ という方に用意したメニュー。上半身を鍛えればさらに体力を引き上げて体型をブラッシュアップできます。

①胸の筋トレ(➡P76～P77)

②背中の筋トレ
(➡P78～P79)

③肩と腕の筋トレ(➡P80～P81)

＋

④腰の筋トレ
(➡P72～P73)

⑤お腹の筋トレ
(➡P74～P75)

太もも前（大腿四頭筋）ココに効く！

①太もも前の筋トレ

全身で最も大きな筋肉を鍛え、加齢を防ぐ

床に両ひざを着いて足の指を反らせて座り、かかとの上にお尻を乗せる。上体を後傾させ、両腕を胸の前で交差させる。

背すじを伸ばしたまま、上半身を後傾させる。

回数の目安

10回×3セット
（休息1分）

ひざを伸ばす太もも前の大腿四頭筋は、全身で最も大きな筋肉。ここを鍛えると体をしっかり支えることができるので歩行や階段昇降が楽に。また代謝アップにも直結します。

後傾姿勢を保ったまま、息を吐きながら両ひざを伸ばしてカラダを引き上げる。息を吸いながらゆっくり元に戻る。

前傾しながら起き上がると、太ももに効かなくなる。

お尻(大殿筋) **太もも裏**(ハムストリングス) ココに効く！

②お尻と太もも裏の筋トレ

No.2とNo.3の筋肉を同時に強化する

仰向けに寝てひざを立て、一方の足をもう一方のひざ上に乗せる。バランスをとるため腕をハの字状に開いて床に置く。

床に置いた足側のひざは直角に曲げる。

回数の目安

左右交互に
10回×3セット
（休息1分）

お尻の大殿筋と太もも裏のハムストリングスは、大腿四頭筋に次いで大きな筋肉。ここを鍛えると立位姿勢や歩行がグッと楽になり、体型の改善もさらに容易になります。

開いた腕でバランスを取り、息を吐きながらお尻を高く引き上げる。息を吸いながらゆっくり元に戻る。10回繰り返したら逆側も同様に。

腰が反るほど尻を上げてしまうと、腰と首に負担がかかる。

ふくらはぎ（下腿三頭筋） ココに効く！

③ ふくらはぎの筋トレ

見落としがちな下腿を鍛えてコンプリート

壁から一歩離れて立ち、両手を壁に着ける。足から頭までを真っすぐ伸ばし、一方の足をもう一方の足首にかける。

つま先は真っすぐ前に向ける。

回数の目安

左右交互に
10回×**3**セット
（休息1分）

ふくらはぎの下腿三頭筋は、実は大きくて強い筋肉。体力と体型に大きく影響するので、しっかり鍛えて下半身をコンプリートしましょう。

②

息を吐きながらかかとを高く引き上げ、つま先立ちになる。息を吸いながらゆっくり元に戻る。10回繰り返したら逆側も同様に。

ひざを曲げ伸ばしすると、ふくらはぎに効かなくなる。

腰（脊柱起立筋） ココに効く！

④腰の筋トレ

要の腰を鍛えれば背すじも伸びる

1

息を吐く
1秒

うつ伏せになってカラダを真っすぐに伸ばす。両ひじを曲げて両手を重ねて、その上にアゴを乗せる。

Point

手にアゴを乗せることで、床に当たるのを防ぐ。

回数の目安

10回×3セット
（休息1分）

「体幹＝腹筋」と思いがちですが、実は腹筋より強くて太く、一日中体を支えているのが腰の脊柱起立筋。代謝と体力アップだけでなく腰痛予防と姿勢改善にも効果あり。

②

息を吸う
2〜5秒

手にアゴを乗せたまま、息を吐きながらみぞおちが床から浮くまで上体を反らす。息を吸いながらゆっくり元に戻る。

NG

勢いをつけて上体を反らすと、腰に負担がかかる。

お腹（腹直筋） ココに効く！

⑤お腹の筋トレ

お腹を鍛えて体幹のバランスを整える

息を吐く
1秒

1

仰向けに寝て、足を軽く開き両ひざを立てる。
両手の指先で後頭部を支えて脇を締める。

曲がった両ひざと両ひじが天井を向く。

回数の目安

10回×**3**セット
（休息1分）

腰の筋肉と真逆の働きをするお腹の腹直筋も鍛えてバランスを整えましょう。特にお腹に6パックをつくりたい男性にとってはマストのエクササイズ。

2

息を吸う
2〜5秒

指先で頭の重さを支えたまま、息を吐きながらおへそを覗き込むように背中を丸める。息を吸いながらゆっくり元に戻る。

足が床から浮くほど上体を起こすと、お腹に効かなくなる。

胸（大胸筋） ココに効く！

①胸の筋トレ

胸を鍛えれば、男女とも若々しい印象に

息を吸う
2〜5秒

1

両ひざを曲げて床に着き、両手を肩の真下に着いてから左右に手のひらひとつ分開く。ひざから頭までを真っすぐに伸ばして胸を張る。

Point

指先を開いて斜め外側に向けると両手が安定する。

回数の目安

10回×**3**セット
（休息1分）

胸の大胸筋は、バストを内側からボリュームアップする働きがあります。もちろん男らしい胸板をつくりたい男性にも必須の筋肉。

胸を張ったまま、息を吸いながらひじを曲げて
胸を床に近づける。息を吐きながら元に戻る。

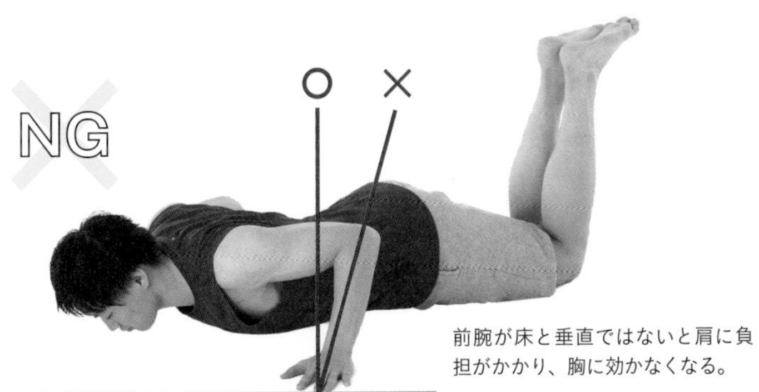

前腕が床と垂直ではないと肩に負担がかかり、胸に効かなくなる。

背中（広背筋）ココに効く！

②背中の筋トレ

目に見えぬ後ろ姿も怠りなく

息を吸う
2〜5秒

1

床に伏せて両手を少し開いてひじを伸ばす。足を肩幅に開き、頭から足までを真っすぐに伸ばす。

Point

両手を肩の真下よりやや内側に置き、指先を正面に向ける。

回数の目安

10回×3セット
（休息1分）

自分では見えないので意識しにくい背中の広背筋ですが、実は大胸筋よりもずっと広い筋肉。ここを鍛えると女性はウエストが締まって見え、男性は逆三角形の体型に。

両手で体を支えたまま、息を吐きながらお尻を高く上げつつ後方に引く。息を吸いながらゆっくり元に戻る。

ひじやひざが曲がると肩に負担がかかり、背中に効かなくなる。

肩（三頭筋、僧帽筋） **二の腕**（上腕三頭筋） ココに効く！

③肩と腕の筋トレ

カッコいい肩と腕をつくる

床に伏せて両手を肩幅より左右に手のひらひとつ分開いて腕を伸ばす。つま先立ちになって足を軽く開いて引き寄せ、お尻を高く上げる。

※頭を打たないように、頭の下に畳んだタオルかクッションを置く。

股関節を軸にカラダを折り畳む。
ひざは曲がってOK。

回数の目安

10回×**3**セット
（休息1分）

肩を覆う三角筋と、首の横にある僧帽筋、それに加えて二の腕の上腕三頭筋を鍛えることで、上半身を完全網羅。特に男性におすすめの筋トレです。

②

息を吐く
1秒

お尻を高く保ったまま、息を吸いながらひじを曲げて頭を床に近づける。息を吐きながら元に戻る。

NG

お尻が下がって顔が下を向くと、肩と腕に効かなくなる。

column

筋トレは上げるより下ろす動作が大切

筋トレは、カラダや重りを「持ち上げる」運動という印象があると思いますが、実は重要なのは「下ろす」動作です。

たとえば腕立て伏せでカラダを床から引き上げるとき、胸や腕の筋肉が縮むことで肩や腕の関節を動かします。この筋肉の運動を「コンセントリックな収縮」といいます。反対にカラダを床に下ろしていくときには、重力でストンと落ちないように胸や腕の筋肉が今度は伸びながら適度な力でブレーキをかけます。この筋肉の運動を「エキセントリックな収縮」といいます。

近年、豪州エディスコーワン大学の野坂和則教授らの研究によって、コンセントリックな収縮よりもエキセントリックな収縮の方が、筋肉をつけて筋力をアップする効果が顕著に高いことが明らかになりました。

本書の筋トレでカラダを上げる動作は1秒だけでサッと行い、カラダを下ろす動作を2〜5秒かけてゆっくり行うのはこのためなのです。筋トレは、「ゆっくり下ろす」ことを意識して行ってください。

筋トレではカラダを「下ろす動作」をおろそかにせず、しっかり行うことが肝心。

第4章

自宅で有酸素運動

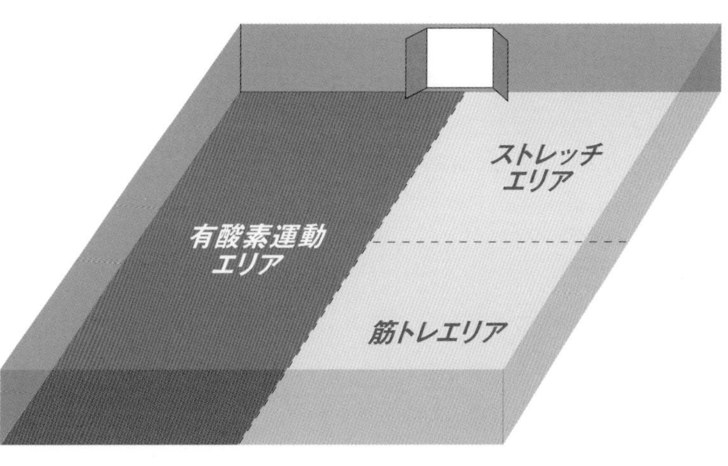

有酸素運動の目的

私たちのカラダを構成する30兆個の細胞は、すべて血液によって運ばれてくる酸素と栄養なしで生きることはできません。その血液は、心臓の筋肉が収縮と弛緩を繰り返すことで全身に送り出されます。

脚や腕の筋肉と同様に、心臓の筋肉も運動をしなければ衰えて、血液を送り出す力が弱まってしまいますが、逆にカラダを動かせば心臓を鍛えることができます。そのために最適なのが、全身を適度な強度でリズミカルに動かす有酸素運動です。

有酸素運動を行うと、血液が流れる血管の弾力性も保たれるので、動脈硬化や高血圧といった生活習慣病の予防にもなります。毛細血管の数も増えてカラダの細部まで酸素と栄養が行き届くようになり、細胞の若さも保たれやすくなりますし、冷えも改善されます。

また、有酸素運動を行うと、たくさんの酸素が体に取り込まれるので、肺の能力も鍛えられて丈夫になります。全身の筋肉を使う有酸素運動は、エネルギーの消費量が多いので、体脂肪を減らすためにも効果的です。

［有酸素運動で循環器と呼吸器が鍛えられる］

全身の筋肉を使う有酸素運動は、心臓や肺の機能を高め、体脂肪の燃焼を促進する優れた運動。

有酸素運動のポイント

○運動方法

有酸素運動は、全身の筋肉を使うことで消費エネルギー量を増やす運動です。そのために本書で用意したのは、さまざまなスポーツを模した運動を順番に行う「サーキット有酸素運動」。スポーツやダンスは苦手、という方でもできるシンプルな動きで構成しています。

○時間と回数

6種類のスポーツ動作を各1分ずつ行うので、6種目×1分で1セット6分となります。セット数を増やすほど消費エネルギーも増えますが、無理をせず、まずは1セットから始めて少しずつセット数を増やして行きましょう。

○強度と調節法

お手本の写真では全身を大きく動かしていますが、動きを小さくすれば強度は下がります。また推奨するテンポは4／4拍子で1分当たり120拍（1秒で2拍）ですが、遅くするほど強度は下がります。体力に合わせて「少しきつい〜きつい」と感じる程度の強度で行ってください。

サーキット有酸素運動の強度調節

有酸素運動では、手足を大きく動かせば強度が上がり、小さく動かせば強度は下がる。

決定版！自宅サーキット有酸素運動 全6種目

サーキット有酸素運動

６種目のスポーツ動作を順番に行うサーキット形式の有酸素運動です。ひとつの動作を１分行い、１セットで６分。好みのミドルテンポの音楽に合わせて行いましょう！

①エア・ウォーキング
(➡P90~P91)

②エア・スイミング
(➡P92~P93)

⑤エア・テニス
(➡P98~P99)
⑥エア・バスケットボール
(➡P100~P101)
④エア・ボクシング
(➡P96~P97)
③エア・
スケーティング
(➡P94~P95)

決定版！サーキット有酸素運動メニュー

①エア・ウォーキング

「イチ、ニイ」で両ひざを曲げながら体を沈めて左右の腕を体側に近づける。

足を前後に一歩分開いて両ひじを伸ばし、後ろのかかとを上げる。ひじを直角に曲げて、足とは逆方向に振って構える。背すじを伸ばし、バトンを持つように手を軽く握る。

時間

1分

テンポ

4／4拍子で
120拍／分

※2秒に
1回屈伸をする

上り坂を歩く動作を模した運動。足を前後に開いてリズミカルに屈伸をしながら、腕を大きく前後に振りましょう。

「サン、シイ」で再び両ひざを伸ばしながら、腕を開始姿勢と逆方向に振る。続けて屈伸をしながら腕を逆方向に振って1往復。

「①⇒②⇒③⇒②⇒①」の動きを30秒繰り返したら、前後の足を入れ替えて同様に30秒繰り返す。※1分間で30回屈伸する。

決定版！サーキット有酸素運動メニュー

②エア・スイミング

足を腰幅に開いてひざを軽く曲げて立つ。背すじを伸ばして軽く前傾し、両腕を前に伸ばす。

「イチ、ニイ」で軽い前傾姿勢を保ったまま両ひざを伸ばし、水をかき寄せるように一方の腕を後方に振る。

時間

1分

テンポ

4／4拍子で120拍／分

※2秒に1回屈伸をする

水泳のクロールを模した運動。ひざをリズミカルに屈伸させながら、水をかくように腕を交互に動かしましょう。

「サン、シイ」で再び両ひざを曲げながら、腕を前方に振って①に戻る。

「ゴオ、ロク」でもう一方の腕を振り、「シチ、ハチ」で元に戻る。これを計1分繰り返す。※1分間で30回屈伸する。

決定版！サーキット有酸素運動メニュー

③エア・スケーティング

足を腰幅に開いてひざを軽く曲げ、背すじを伸ばして軽く前傾する。両ひじを軽く曲げて下ろしておく。

「イチ、ニイ」で前傾姿勢を保ったまま、片足を斜め前に踏み出し、同時に両腕を逆側に振る。

時間	テンポ
1分	4／4拍子で 120拍／分 ※2秒に1回足を踏み出す

スピードスケートの動作を模した運動。V字を描くように足を左右に交互に踏み出しながら腕を大きく振ります。

「サン、シイ」で踏み出した足で床を蹴って①の形に戻る。

「ゴオ、ロク」でもう一方の足を踏み出して腕を振り、「シチ、ハチ」で戻る。これを左右交互に1分繰り返す。※1分間で左右に15回ずつ踏み出す。

決定版！サーキット有酸素運動メニュー

④エア・ボクシング

足を前後に一歩開いてひざを軽く曲げ、つま先に体重をかけて立つ。両ひじを曲げてこぶしをアゴの前におく。

「イチ、ニイ」で前足を踏み出しながら、前の手で相手の顔を払うようにジャブを打つ。

時間

1分

テンポ

4／4拍子で
120拍／分
※1秒に1回パンチを打つ

ボクシングのワンツーパンチを模した運動。体重移動と腰のひねりを意識しながら、ストレスも解消しましょう。

④

「②⇒③⇒②⇒③」の動きを30秒繰り返したら、足と腕を入れ替えて同様に30秒繰り返す。※1分間で60回パンチを打つ。

③

「サン、シイ」で後ろのつま先で床を押し、腰を落としながらカラダをひねって、後ろの手で相手のお腹の位置にストレートを打つ。

決定版！サーキット有酸素運動メニュー

⑤エア・テニス

足を肩幅より広めに開いて右足に体重を乗せて、体全体を右にひねり、右腕を高く引く。左腕と顔は斜め左側に向ける。

「イチ、ニイ」で右のつま先で床を押しながら体全体を左にひねって、斜め左に向けてボールを打つように腕を振る。

時間	テンポ
1分	4／4拍子で120拍／分 ※2秒に1回腕を振る

テニスの動きを模した運動です。実際のテニスは利き腕だけを使いますが、バランスよく左右の手を使います。

「サン、シイ」で体重を右足に戻しながら①の形に戻る。

「②⇒③⇒②⇒③」の動きを30秒繰り返したら、左腕でラケットを振る動作を同様に30秒繰り返す。※1分間で左右の腕を15回ずつ振る。

決定版！サーキット有酸素運動メニュー

⑥エア・バスケットボール

足を肩幅に開いてひざを軽く曲げ、背すじを伸ばしてやや前傾する。胸の前でボールを両手で握るように胸の前で構える。

「イチ、ニイ」で前から来る相手からボールを遠ざけるように伸び上がり、両手を頭上におく。

時間	テンポ
1分	4／4拍子で120拍／分 ※2秒に1回屈伸する

バスケットでボールを取られないようにキープする動き模した運動。できるだけ大きくボールを動かしましょう。

「サン、シイ」で前から来る相手からボールを遠ざけるように、右足に体重をかけながらボールを右の脇腹前まで引く。

「ゴオ、ロク」で②に戻り、「シチ、ハチ」でボールを左脇腹前に引く。「②⇒③⇒②⇒④」を1分繰り返す。※1分間で30回屈伸する。

付録

ながらプチトレーニング

～日常の動作がひと工夫でプチトレーニングに！～

私たちが日常生活の中で最もエネルギーを消費する動作は歩行ですが、自動車やＩＴの普及など生活が過度に便利になった今の生活では、歩行の機会が不足しがち。厚生労働省が掲げている一日の歩数目標は成人男性９０００歩、女性８５００歩ですが、実際の歩数の平均値は男性で６８４６歩、女性で５８６７歩といずれも下回っています（『平成29年国民健康・栄養調査』より）。

歩行数を増やすには、できるだけネットではなく、リアル店で買い物をしたり、サークル活動に参加するなど、歩行する機会をつくることが大切です。とはいえ、現実として仕事や家庭の事情などで外に出ることが難しい方も多いことでしょう。

そこで、家の中の日常動作をちょっとした工夫で運動に変えるプチトレーニングを紹介します。ここで紹介するプチトレは6種目ですが、たとえば体を洗うときにタオルではなく手を使えば肩のストレッチに、部屋の中を大股で移動すれば筋トレに、機械洗車を手洗いに変えれば有酸素運動になります。日常動作を運動に変える、自分なりのプチトレーニングを編み出して実行してみましょう。

1 ながらプチストレッチ

床に座ってテレビを見ながらできるプチストレッチです。

肩、胸、腕のプチストレッチ

① ひざを立てて床に座り、両手をお尻の後ろに着いて指先を後方に向ける。

② 胸を張ってお尻を前にスライドし、肩、胸、腕が気持ちよく伸びるところで楽に呼吸をしながら10秒キープする。

背中のプチストレッチ

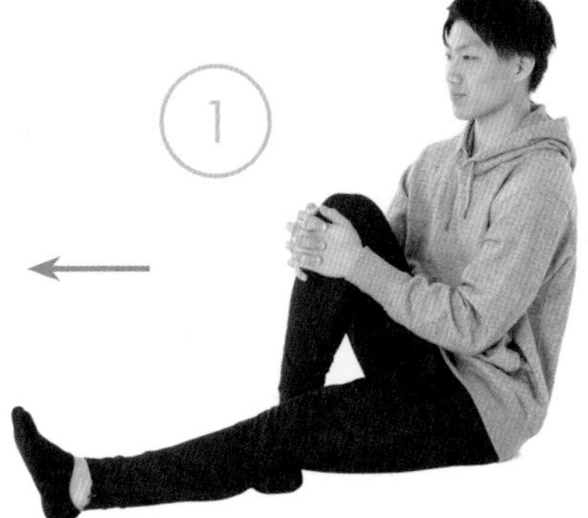

① 長座姿勢から一方のひざを曲げ、足の甲をもう一方のひざ裏にかける。両手の指を組んでひざ下を持つ。

② 両腕を伸ばして自分のひざにぶら下がるように上体を丸め、背中が気持ちよく伸びるところで楽に呼吸をしながら10秒キープする。

2 ながらプチ筋トレ

イスに座ってスマホを操作しながらできるプチ筋トレです。

太もも前のプチ筋トレ

①

安定したイスに浅く座ってひざを曲げ、両足を引き寄せてかかとを上げる。

②

背すじを伸ばしたまま体重を前方に移し、太ももの前に適度な負荷を感じる位置で楽に呼吸をしながら10秒キープする。

お腹のプチ筋トレ

①

安定したイスに浅く座り、両足を前方に出してかかとを床に着ける。

②

背もたれに着く手前まで背中を丸め、お腹に適度な負荷を感じる位置で楽に呼吸をしながら10秒キープする。

3 ながらプチ有酸素運動

面倒な家事を音楽に合わせて楽しみながら行うプチ有酸素運動です。

雑巾がけプチ有酸素運動

①

はだしで床に立ち、一方の足を雑巾の上に乗せる。

②

雑巾に乗せた足を前後左右に動かして床を拭く。8回動かしたら、足を替えて同様に。

窓拭きプチ有酸素運動

①

窓やお風呂の壁などを掃除しながら行う。足を肩幅に開いて片手で雑巾を持って手を伸ばす。

②

できるだけ大きく体と手を動かしながら窓を拭く。8回動かしたら、手を替えて同様に。

全身筋肉MAP

三角筋（さんかくきん）
肩の関節を覆う筋肉。前側は腕を前に上げる動作で、横側は腕を横に上げる動作、後ろ側は腕を後ろに引く動作で働く。それぞれ逆の動きで伸びる。

大胸筋（だいきょうきん）
胸全体を覆っており、上半身の中でも文字通り大きな筋肉。腕を下ろしたり前に出す動作で働く。腕を横に伸ばしてから後方に引くと伸びる。

上腕二頭筋（じょうわんにとうきん）
上腕の前側にあり、いわゆる力こぶと称される筋肉。ひじを曲げる動作と腕を前に振る動作で働き、腕を伸ばしたまま後ろに引くことで伸びる。

腹直筋（ふくちょくきん）
お腹の前側にあり、肋骨と骨盤を結びつけている筋肉。上体起こしのように背中を丸める動作で働き、逆に上体を反らす動作で伸びる。

腹斜筋（ふくしゃきん）
お腹の前面を広く覆う、外腹斜筋と内腹斜筋の総称。主に上体をひねったり、横に曲げたりするときに働く。上体をひねりながら反らすことで伸びる。

股関節内転筋群
（こかんせつないてんきんぐん）
太ももの内側にある複数の筋肉の総称。ひざを締めるように、脚を内側に引き寄せる働きがあり、逆に脚を外側に開く動作で伸ばされる。

大腿四頭筋（だいたいしとうきん）
太ももの前側にある全身で最も大きく強い筋肉。ひざを伸ばす働きと、脚を前に引き上げる働きがある。ひざを曲げて後方に引くことで伸びる。

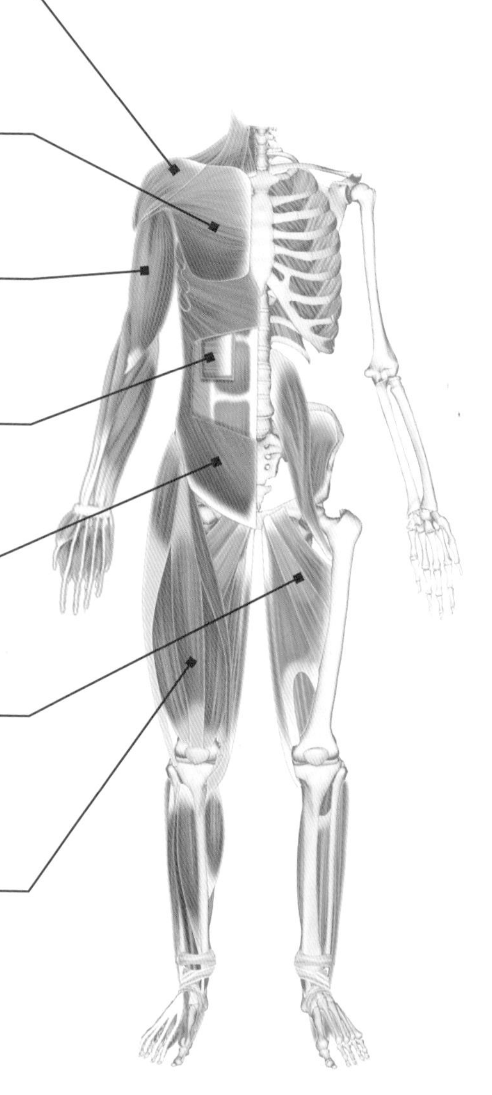

「宅トレ」で使う筋肉一覧

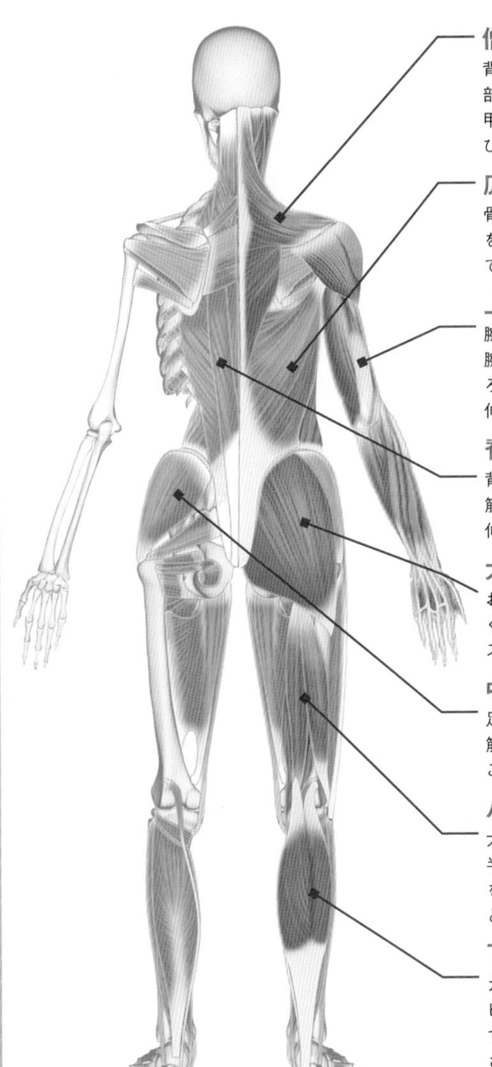

僧帽筋（ぞうぼうきん）
背中の上部にある大きな筋肉。上部、中部、下部に分かれ、上部は肩をすくめ、中部と下部は肩甲骨を寄せる働きがある。それぞれ逆の動きで伸びる。

広背筋（こうはいきん）
骨盤と腕を結び付ける背中を覆う広い筋肉。腕を上から下に下ろしたり、前から後ろに引く動作で働く。腕を上げて内側に寄せると伸びる。

上腕三頭筋（じょうわんさんとうきん）
腕の裏側にあり、腕の筋肉では最も大きな筋肉。腕立て伏せのようにひじを伸ばす動作と、腕を後ろに振る動作で働く。腕を上げてひじを曲げると伸びる。

脊柱起立筋（せきちゅうきりつきん）
背骨に沿って骨盤から後頭部まで続く長く太い筋肉。ここが働くことで重力に逆らって背すじを伸ばすことができる。背中を丸めると伸ばされる。

大殿筋（だいでんきん）
お尻全体を覆う大きな筋肉。立ち上がったり、歩くときなど脚を後ろに振る動作でハムストリングスと一緒に働く。ひざを抱え込む動作で伸びる。

中殿筋（ちゅうでんきん）
足を左右に動かすときに使う、お尻の側部にある筋肉。骨盤を側面から支えており、ここを鍛えることで片足立ちが安定して、歩行が改善する。

ハムストリングス
太ももの裏側にある大きな筋肉。大腿二頭筋、半腱様筋、半膜様筋の総称。ひざを曲げたり脚を後ろに振る動作で働き、長座位で前屈することで伸びる。

下腿三頭筋（かたいさんとうきん）
カラダを下支えするふくらはぎの筋肉で、腓腹筋・ヒラメ筋の総称。つま先立ちのように足首を伸ばす動作で働き、反対に足首を曲げることで伸ばされる。

イラスト：株式会社BACKBONE WORKS

column

骨を若返らせる身近なトレーニング

カラダひとつで行う「宅トレ」を続けることで、筋肉や血管などを若返らせ、心臓や肺などの健康状態を引き上げることができます。ですがただひとつ、十分に若返えらせ、強くするのが難しい臓器があります。

それは「骨」です。骨は「破骨細胞」という骨を壊する細胞と「骨芽細胞」という骨をつくる細胞が働くことで、日々少しずつ新しく作り替えられています。ですが、骨に「ある刺激」が与えられないと、破骨細胞の働きが優位になって骨量が低下し、骨が弱くなっていきます。

その刺激とは、骨に対する「縦方向の強い衝撃」です。縄跳び、ダッシュなど着地時にドンと音がするような強い刺激が必要なのですが、それを自宅で行うのは現実的に難しいので「宅トレ」から外しているのです。

とはいえ、骨はやはり大切な臓器。そこでおすすめしたいのは、外出先で階段を下ること。階段を下るときにはジャンプの着地と同じくらいの衝撃がかかるので、骨を丈夫にしてくれるのです。

階段を下るときに受ける衝撃で、
骨が強くなり若返る。

第5章

健康なカラダをつくるための栄養と休養

睡眠が若々しく健康なカラダをつくる

日本では運動や食事に比べ、睡眠が軽視されている傾向があります。その証拠に、先進国の中で最も睡眠時間が短いのが日本。睡眠は全身の細胞の新陳代謝に不可欠だというのにです。全身の各臓器では常に古くなった細胞が壊され、新しい細胞にリニューアルされています。細胞が入れ替わる周期は部位によって異なり、肌は約1カ月、筋肉は約2カ月、赤血球は約4カ月、骨は3~5年程度かかります。こうしたリニューアルはほとんど睡眠中に分泌される成長因子によって起こるのです。

つまり、せっかく日中に運動して筋肉を刺激しても、いい眠りが得られなければ意味がないということ。また、深い睡眠は脳の休息にもつながります。脳のクールダウンが行われるとともに老廃物が洗い流され、認知機能の維持や記憶の整理が行われることが分かっています。

質のいい睡眠とは、寝入りばなに深い睡眠が得られること。そのためには、毎日できるだけ同じ時間に起き、起きた後に日の光を浴びることが重要です。日光周期とカラダのリズムを同調させることで、全身を再生させる深い眠りが得られるはずです。

日本は世界有数の睡眠後進国

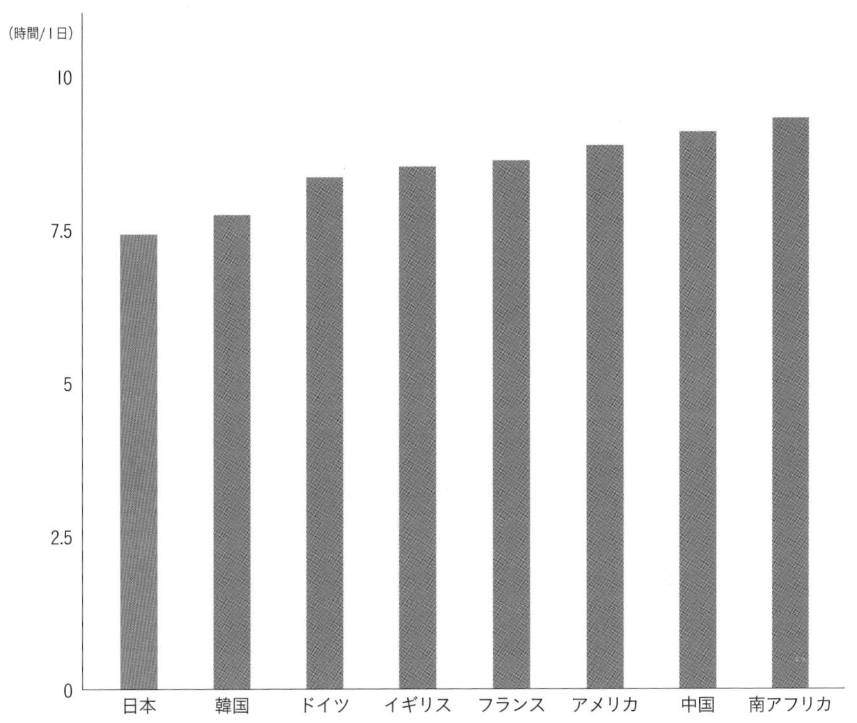

グラフは各国の平均睡眠時間。OECD（経済協力開発機構）の調査によれば、日本人の睡眠時間は世界に比べて明らかに短く、常に韓国とワースト1、2を争っている。やはり健康づくりの基本が軽視されている？

出典：OECD 2018データより（出典を参考にグラフは改変しています）

入浴の3つの特性で1日の疲れを取り除く

ここでいう入浴は、シャワーを浴びるという意味ではなく、浴槽の湯に浸かるということです。最近では入浴習慣のない若者が増えていますが、湯に浸かることは健康なカラダづくりにとても役立つルーティンです。

まず、浮力によって無重力に近い状態になり、筋肉がほぼ完全に脱力します。陸上では常に重力の影響を受けているので、眠っている間にもカラダのどこかに力が入っています。入浴中はその重力から解放されて、筋肉がリラックスするのです。脱力するためにはある程度長い時間入浴する必要があるので、38〜40度程度のぬるめの湯温がおすすめです。じっくり温まることで末梢の血液循環が促され、疲労物質を速やかに取り除くこともできます。水圧も血液循環にひと役買います。特に下半身に水圧がかかることで静脈の血管のポンプ作用が促され、老廃物を運び出してくれるのです。

入浴前はコップ一杯の水を。5分以上入浴する場合は入浴後も必ず水分補給をしましょう。その後、ストレッチなどを行ってからベッドに入れば良質な深い睡眠が得られるはずです。

入浴前後にはしっかり水分補給を！

入浴でたくさん汗をかくと、水分とミネラル分が不足してしまいます。入浴前にコップ1杯分の水を飲み、入浴後も水分補給を忘れずに。ノンカフェインのハーブティーや麦茶もおすすめ。

食事の基本は質より量をコントロールすることから

食事の基本は、まず質より適正な量を把握することにあります。摂取と消費のエネルギーがプラスマイナス0であれば、現在の体重が維持されます。10代の成長期のころは、今よりたくさんの量を食べていたかもしれません。でも、フロアの移動では階段を使い、定期的に体育の授業を受け、ときにはマラソンや遠足などのイベントに参加し、休日は公共交通機関を使って移動していたはずです。たくさん食べてもたくさんエネルギーを消費していたため、バランスがとれていたのです。

社会に出てからは一転、日常生活での運動量が極端に減ります。それと反比例するように経済力がついて会食の機会が増え、食事もごちそう系のハイカロリーなものが多くなります。さらに、ストレスから空腹を感じていないのに甘いものを食べたり、オフィスに置いてあるお菓子を無意識に口にすることもあるでしょう。

運動を生活に取り入れるのなら、一日三度の食事を極端に減らす必要はありません。間食や余計なカロリーを口にする機会を減らすことに、まずは専念しましょう。

太る痩せるはエネルギーの出納バランスで決まる！

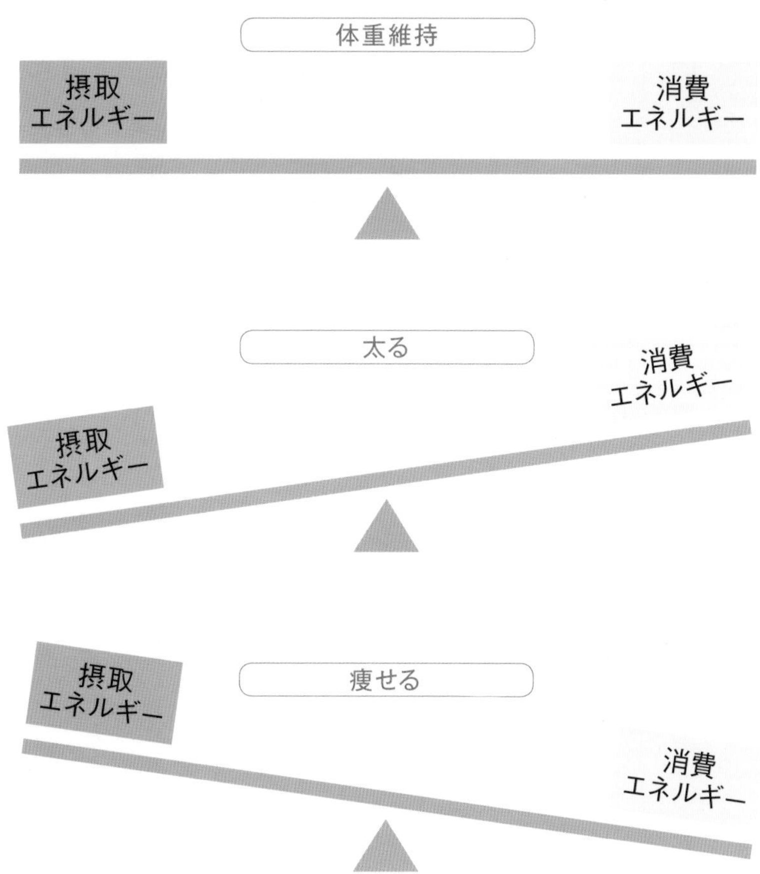

よく動き、よく食べる学生時代はエネルギーの出納がプラスマイナス0。社会人になると運動するしないでエネルギーの出納バランスがどちらかに傾く。

PFCバランスを整えて必要な栄養素を摂る

食事量をコントロールできるようになったら、次は質に目を向けてみましょう。質とはタンパク質、脂質、糖質といった栄養素のことを指します。1gにつき9キロカロリーある脂質は、タンパク質や糖質よりエネルギーが倍以上なので避けるべき。糖質は、血糖値を上昇させて脂肪に変換されやすいから制限すべき。そんな風に思い込んでいませんか？　でも、この世にはまったく摂らなくていい栄養素もなければ、摂れば摂るほどいいという栄養素もありません。どの栄養素も過剰に減らしたり増やしたりするのではなく、バランスよく摂ることが重要なのです。

タンパク質、脂質、糖質のバランスを「PFCバランス」といい、現在はP15％・F30％・C55％という比率が推奨されています。でも、これを一つひとつの食材に当てはめて整えるのは非現実的。そこでおすすめなのが、左ページのように一回の食事で、主食、主菜、副菜、汁物の4種類をそろえること。これでPFCだけでなく微量栄養素までカバーできます。外食でも自炊でもこのルールに則って食事の組み立てを。

PFCバランスを整えよう!

●PFCバランスとは?

PCFとは、食事の三大栄養素のタンパク質（Protein）、脂質（Fat）、糖質（Carbohydrate）の英表記の頭文字をとったもの。栄養バランスを摂るためには、カラダのエネルギー源となるこの三つのバランスが大切で、タンパク質15%・脂質30%・糖質55%の比率が推奨されています。

●PFCを補う食事の基本構成

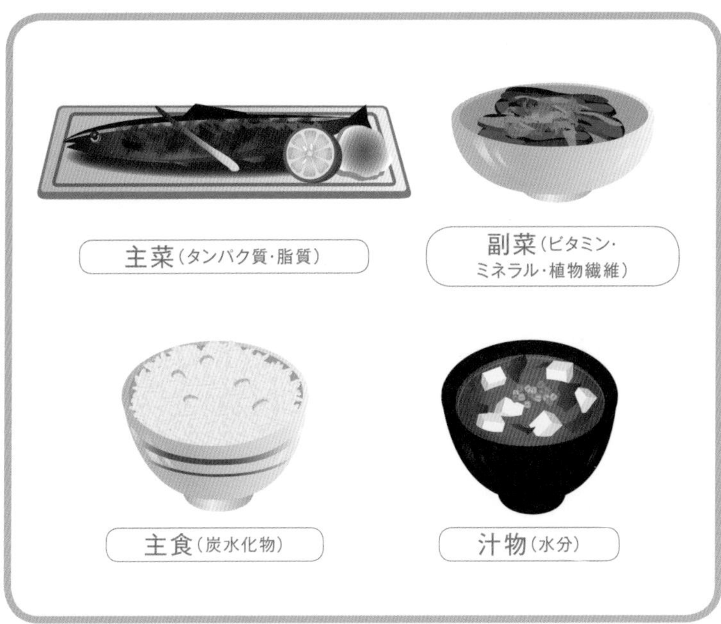

一日三度の食事で4つのアイテムをそろえる。副菜で代謝に必要なビタミン、ミネラル、腸内環境を整える食物繊維をカバー。汁物の水分で過食を防ぐ。

「酸化」と「糖化」2つの老化要因を避ける

老化を促す2大要因は「酸化」と「糖化」です。前者はカラダに取り入れた酸素の一部が活性酸素に変化し、細胞を傷つけるという反応。活性酸素にはウイルスなどの外的を攻撃する免疫系の働きもありますが、体内で過剰に作られることで細胞やDNAを傷つけ、生活習慣病やがんなどを引き起こす原因にもなります。活性酸素を作り出すリスクファクターは紫外線、大気汚染、喫煙、ストレス、酸化された揚げ物の摂取など。適度な運動と質のよい睡眠に加え、バランスのいい食生活でビタミンA、C、Eやポリフェノールといった抗酸化物質を摂って対策を。宅トレなら紫外線も避けることができます。

一方、後者の「糖化」は、余分な糖質が体内のタンパク質と結びついてAGEという物質になり、これが蓄積されると肌の老化や血管の炎症、アルツハイマー病などを引き起こすというもの。対策としては、AGEが多く含まれた揚げ物などの高温調理食品を避け、生ものや蒸し料理などを選択する。また、体内でのAGE産生を防ぐため、過剰な糖質、特に砂糖や果糖など消化吸収のスピードが速い糖質を控えることが大切です。

老化予防は「酸化」と「糖化」がカギ

揚げものと砂糖が多く含まれる菓子類を抑えることが酸化予防と糖化予防の基本。どちらも摂取エネルギーを抑えることにもつながる。

付録

宅トレQ&A

「宅トレ」をより効果的に行うために、事前に知っておきたい素朴な疑問を解説しています。

Q 「宅トレ」は 何歳 から始めても効果がある?

A 何歳からでも「宅トレ」を始めたら必ず効果があり、体力と体型の変化が訪れます。ただし、基本的には年齢を経るほど体力は衰えているので、現在の体力に合わせて無理のない種目数や回数から始めましょう。

Q 「宅トレ」の 効果 はいつから出る?

A 一番早く現れる効果は自分で感じるコンディションです。早ければ即日に疲れが和らいだ、カラダが軽いという感覚が得られます。体型の変化は1カ月以内で自覚でき、遅れて2〜3カ月で周囲の人が気づくほどになります。

Q 「宅トレ」をやるときの 服装 は?

A 伸縮性があってカラダの動きを邪魔せず、適度に汗を吸う素材の衣服で行います。袖や裾が長すぎるもの、フードがついたものは動きの邪魔になるので避けましょう。足元は滑らないようにはだしで行ってください。

Q 「宅トレ」は どの時間帯 にやるといい？

A 「運動に向かない時間帯」はありますが、実はそれ以外ならいつ行っても大差はありません。運動に向かないのは起床直後と就寝直前、そして食事直後と強い空腹を感じるときです。これ以外の時間の中で都合に合わせて実施しましょう！

Q 「宅トレ」は 全部 やらなければダメ？

A 必ずしもすべて行う必要はありません。体力が衰えている場合は、まずストレッチだけから始め、余裕が出てきたら、筋トレ、有酸素運動の順に取り入れてください。種目数や回数なども少しずつ増やしましょう。

Q 苦手な種目 は やらなくてもいい？

A 職種、運動経験などによって柔軟性や筋力のアンバランスが生じますが、放置すればその差は広まる一方です。これを改善するためにバランスよく行いましょう。女性はオプション筋トレを行わなくてもＯＫです。

Q 「宅トレ」は やればやるほど 効果がある?

A そうではありません。ストレッチは頻度の上限はありませんが、筋トレは最大でも週に3回までとしてください。それ以上は逆効果です。有酸素運動は最大週6回まで。一週間に一日は完全な休息日を設けましょう。

Q 「宅トレ」の 実施順 を変えてもいい?

A 「部分的な運動の筋トレ」の後に、「全身を使う有酸素運動」を行う方が効率はよいのですが、好みによって順番を変えても構いません。いずれにしても運動前のストレッチと運動後のストレッチは必ず行ってください。

Q どのタイミングで 負荷 を上げればいい?

A 「宅トレ」導入時は回数や時間、セット数などを抑えめにしておいて、翌日に強い筋肉痛や不快なだるさがないようであれば、負荷を少しずつ増やすようにしましょう。それで疲れが残るようなら一旦元に戻してください。

Q ウォーキングやランニングをやってもよい?

A 「宅トレ」で体力が上がってきて外で歩きたい、走りたいという気持ちになるのは素晴らしいことです。ただカラダの負担となって疲労が蓄積しないように、外で運動した日は、「宅トレ」の有酸素運動を省きましょう。

Q ジムに通いたくなったら?

A 「宅トレ」はジムトレを否定するものでも、相反するものでもありません。「宅トレ」を通じて体力や体型が改善する中で芽生えた気持ちは大切ですから、ぜひトライを!またいつでも「宅トレ」に戻ってきてください。

Q 効果が十分に出たら辞めていい?

せっかくトレーニングを継続して結果が出ても、中止すると少しずつそれは失われていきます。十分な効果が得られたら週に1回だけでいいので「宅トレ」を継続してください。体力も体型も保つことができます。

「宅トレ」を習慣にするために、これをコピーして目の付くところに貼り、実施した項目に○をつけましょう。有酸素運動は実施したセット数に○をしてください。
※「ス」は「ストレッチ」、「リ」は「リラックス系ストレッチ」、「ア」は「アップ系ストレッチ」を、「筋」は「筋トレ」、「ベ」は「ベーシック筋トレ」、「オ」は「オプション筋トレ」を、「有」は「有酸素運動」をそれぞれ表しています。

木			金			土			日		
ス	リ	ア	ス	リ	ア	ス	リ	ア	ス	リ	ア
筋	ベ	オ	筋	ベ	オ	筋	ベ	オ	筋	ベ	オ
有	1•2•3•4•5		有	1•2•3•4•5		有	1•2•3•4•5		有	1•2•3•4•5	
ス	リ	ア	ス	リ	ア	ス	リ	ア	ス	リ	ア
筋	ベ	オ	筋	ベ	オ	筋	ベ	オ	筋	ベ	オ
有	1•2•3•4•5		有	1•2•3•4•5		有	1•2•3•4•5		有	1•2•3•4•5	
ス	リ	ア	ス	リ	ア	ス	リ	ア	ス	リ	ア
筋	ベ	オ	筋	ベ	オ	筋	ベ	オ	筋	ベ	オ
有	1•2•3•4•5		有	1•2•3•4•5		有	1•2•3•4•5		有	1•2•3•4•5	
ス	リ	ア	ス	リ	ア	ス	リ	ア	ス	リ	ア
筋	ベ	オ	筋	ベ	オ	筋	ベ	オ	筋	ベ	オ
有	1•2•3•4•5		有	1•2•3•4•5		有	1•2•3•4•5		有	1•2•3•4•5	

付録

「宅トレ」カレンダー

	月			火			水		
1週目	ス	リ	ア	ス	リ	ア	ス	リ	ア
	筋	ベ	オ	筋	ベ	オ	筋	ベ	オ
	有	1・2・3・4・5		有	1・2・3・4・5		有	1・2・3・4・5	
2週目	ス	リ	ア	ス	リ	ア	ス	リ	ア
	筋	ベ	オ	筋	ベ	オ	筋	ベ	オ
	有	1・2・3・4・5		有	1・2・3・4・5		有	1・2・3・4・5	
3週目	ス	リ	ア	ス	リ	ア	ス	リ	ア
	筋	ベ	オ	筋	ベ	オ	筋	ベ	オ
	有	1・2・3・4・5		有	1・2・3・4・5		有	1・2・3・4・5	
4週目	ス	リ	ア	ス	リ	ア	ス	リ	ア
	筋	ベ	オ	筋	ベ	オ	筋	ベ	オ
	有	1・2・3・4・5		有	1・2・3・4・5		有	1・2・3・4・5	

おわりに

友人に勧められた料理を食べてみると美味しくなかったり、良いと言われた映画を観てみると大して面白くなかったり。物事の良し悪しは絶対的なものではなく、人の嗜好によって異なります。恥ずかしながら私は、こんな当たり前のことが、運動に関しては長らく分かっていませんでした。

子どものころからカラダを動かすのが好きで、学校では体育が一番得意。そしてトレーナーという職業を選んだ私にとって「ジムでトレーニングをする」ことはごく普通の当たり前のことだったからです。ジムで働いていた20代のころは入会者を募り、退会者を減らす方策を巡らしながら、みんななぜジムでトレーニングしないの？と不思議でなりませんでした。

30代でトレーナーとして独立し、ジムを客観的に捉えるようになってようやく、ジムに入会するかどうかは「嗜好」の問題だと実感にするに至りました。それからは家にいながらカラダひとつでできる、より安全でより効果的なトレーニング方法を試行錯誤し、発信し続けてきました。その集大成がこの「宅トレ」です。

私の分身である本書を、皆さまの「宅トレ」時のスタッフとして活用いただき、健康づくり、体型づくりのお役に立てていただければ幸いです。

2020年4月1日

スポーツ&サイエンス代表

坂詰 真二

モデル協力

中馬亜梨沙
(ちゅうま ありさ)

慶應義塾大学商学部卒。フィットネスインストラクターとして複数の施設で指導をしながら、プロバスケットボールチーム「東京サンレーヴス」専属チアリーダーのキャプテン、また"グローバル・フィットネス・アイコン"「EXERGiRLS」のメンバーとしても活躍中。

篠田和也
(しのだ まさや)

横浜リゾート&スポーツ専門学校卒。JATI(日本トレーニング指導者協会)-ATI、健康運動実践指導者。「Perfect Body新横浜」にて、パーソナルトレーナーとして活動中。

著者紹介
坂詰真二（さかづめ しんじ）
NSCA 認定ストレングス&コンディショニング・スペシャリスト。同協会認定パーソナルトレーナー。「スポーツ&サイエンス」代表。横浜市立大学文理学部卒。株式会社ピープル（現コナミスポーツ）で教育担当職を歴任後、株式会社スポーツプログラムスにてアスリートへのコンディショニング指導を担当。1996 年に「スポーツ&サイエンス」を興し、指導者育成、各種メディアを通じての運動指導などで活躍中。『坂詰式正しい筋トレの教科書』『パートナー・ストレッチ』（共に弊社）など著書多数。

今日から自宅がジムになる **宅トレ**

発行日	2020年4月30日　初版
著　者	坂詰真二
発行人	坪井義哉
発行所	株式会社カンゼン 〒101-0021 東京都千代田区外神田2-7-1 開花ビル TEL 03(5295)7723 FAX 03(5295)7725 http://www.kanzen.jp/ 郵便為替 00150-7-130339
印刷・製本	株式会社シナノ
編集	株式会社ライブ（齊藤秀夫） 手塚よしこ
執筆協力	石飛カノ
写真	魚住貴弘
モデル	中馬亜里沙 篠田和也
表紙デザイン	寒水久美子
本文デザイン	寒水久美子 内田睦美
DTP	株式会社ライブ

万一、落丁、乱丁などがありましたら、お取り替え致します。

ISBN 978-4-86255-553-3
Printed in Japan
定価はカバーに表示してあります。

ご意見、ご感想に関しましては、kanso@kanzen.jpまでEメールにてお寄せ下さい。
お待ちしております。